国网工会组织作家

深入国网天津滨海采访

集中创作了一批反映“时代楷模”张黎明的诗歌、散文、报告文学

《黎明　再出发》是其中一部精心打造的长篇力作

黎明再出发

剑钧◎著

中国电力出版社
CHINA ELECTRIC POWER PRESS

图书在版编目（CIP）数据

黎明　再出发 / 剑钧著 . — 北京：中国电力出版社，2018.9（2019.9 重印）
ISBN 978-7-5198-2342-9

Ⅰ. ①黎… Ⅱ. ①剑… Ⅲ. ①张黎明 – 先进事迹 Ⅳ. ① K826.16

中国版本图书馆 CIP 数据核字 (2018) 第 192373 号

出版发行：中国电力出版社
地　　址：北京市东城区北京站西街 19 号（邮政编码 100005）
网　　址：http：//www.cepp.sgcc.com.cn
责任编辑：胡堂亮
责任校对：黄　蓓　郝军燕
装帧设计：张俊霞
责任印制：石　雷

印　　刷：北京盛通印刷股份有限公司
版　　次：2018 年 9 月第一版
印　　次：2019 年 9 月北京第二次印刷
开　　本：710 毫米 ×980 毫米　16 开本
印　　张：14.78
字　　数：237 千字
定　　价：60.00 元

张黎明　男，1969年8月生，中国共产党党员。现任国网天津市电力公司滨海供电分公司运维检修部配电运检室党支部副书记、配电抢修班班长兼滨海黎明共产党员服务队队长。荣获“全国劳动模范”“全国优秀共产党员”称号，2017年当选党的十九大代表，2018年被中宣部授予“时代楷模”称号。

张黎明同志是伴随我国改革开放成长起来的产业工人的杰出代表，是“点亮万家的蓝领工匠”。他爱岗敬业，工作三十多年来始终奋战在电力抢修一线，累计巡线八万多公里，完成故障抢修作业近两万次，被誉为电力抢修的“活地图”；他勇于创新，依托张黎明创新工作室，先后实现技术革新四百余项，二十多项填补电力行业空白，是知识型、技能型、创新型劳动者的杰出代表；他甘于奉献，模范践行全心全意为人民服务的根本宗旨，带领黎明共产党员服务队，多年如一日志愿服务百姓，用爱心架起了党与群众的“连心桥”。

目　录

Contents

引子　黎明，带着人生的诗意再出发

人生路遥，每个人都会用岁月来丈量自己的脚印。这些脚印有的深，有的浅，若走在海滩上，就会留下一个又一个脚窝，这脚窝连缀起来，就是人生的记忆了。

张黎明是带着人生的诗意再出发的，他在电力巡线抢修岗位上，一干就是三十一年，巡视线路八万多公里，完成“零事故”抢修两万多次。张黎明背着时光行走，岁月就像指间的风，不打声招呼，就跑出去几十年。

第一部　黎明现象

平凡是一粒未知的种子，当播撒之初，无人能看到它的未来。但是，平凡可以孕育信念，可以孕育感动，可以孕育成功，可以孕育伟大。从张黎明身上所迸发出的那种奉献精神和创新火花，让我看到了一种力量，看到了一种希望。

我想说，张黎明是这个时代蓝领工人的杰出代表，无愧于“时代楷模”的称号。他很平凡，也很伟大；他很普通，也很崇高。黎明现象的出现绝不是偶然的，它是新时代的产物，代表了当今蓝领工匠报效祖国、创新科技的胸怀和勇气。而今，黎明现象不仅仅代表张黎明个人，而且代表了新时代产业工人蓬勃向上的时代精神。

第二部　黎明追梦

我们从创新的春天走来，将探索的晨光聚焦在这片充满生机的沃土，黎明追梦，将潜在的能量尽情释放在滨海新区的大地。一个蓝领工匠，用了三十一年时间去钻研科技创新，去探索专利发明，十多年间，画了一百多张草图，不是为了发财，不是为了名声，只是为了去追逐一个电力创客的梦。

我想，张黎明就是一个新时代蓝领追梦人。他不光在寻梦，也在追梦。看到一项项创新成果在黎明创新工作室问世，我不禁在想：梦想就犹如遥远的星辰，我们也许永远无法触摸到它的顶点，但我们可以像航海者一样，借星光的位置而航行，去抵达梦想指引的地方。

第三部　黎明明理

当黎明伴着渤海之滨的破晓，为天空染上一抹朝霞，张黎明迎着晨曦，踏着大海捧出的一簇簇浪花，再次出发。张黎明用爱和真诚架起了党与百姓的“连心桥”，以一种燃烧自己、照亮别人的蜡烛精神去实现自己“不忘初心”的诺言。在他看来，奉献不是痛苦，不是舍弃，不是辛劳，而是一种纯洁高尚的精神境界。

我想，黎明明理的可贵之处就在于“不以善小而不为”。这么多年来，张黎明做了无以计数的好事，每一件事拿出来都很平凡，都不是惊天动地的壮举，可若将这些好事汇集起来，就足以感动听到这些故事的每一个人。

引子

黎明，带着人生的诗意再出发

人生路遥，每个人都会用岁月来丈量自己的脚印。这些脚印有的深，有的浅，若走在海滩上，就会留下一个又一个脚窝，这脚窝连缀起来，就是人生的记忆了。

张黎明是带着人生的诗意再出发的，他在电力巡线抢修岗位上，一干就是三十一年，巡视线路八万多公里，完成“零事故”抢修两万多次。张黎明背着时光行走，岁月就像指间的风，不打声招呼，就跑出去几十年。

人生路遥，每个人都会用岁月来丈量自己的脚印。这些脚印有的深，有的浅，若走在海滩上，就会留下一个又一个脚窝，这脚窝连缀起来，就是人生的记忆了。

2015年的那个春天，完成了长篇纪实文学《黎明　我们出发》的书稿，我长长地舒了口气，犹如一个小学生刚刚完成作业一般，兴奋中还带有几分轻松。于是，我坐上京津城际列车再次来到滨海新区的塘沽，当面和主人公张黎明核实书中的若干细节后，我便彻底放松下来了。

离开塘沽的那天清晨，我沿着那条熟悉的海滩漫步，身旁伴随着拍岸的雪浪花，有的浪花甚至调皮地跳入浅浅的脚窝里。我反过身来，对着盈盈汪水的脚窝出神。于是，我想到书中记录的张黎明的岁月脚印，从内蒙古的海勃湾到天津的渤海湾，从小追随着父辈，一路远行，带着塞外的风，挟着津门的浪，行走间，指看逝水流年，走过无悔青春。我想这一串串坚实的脚印分明就是张黎明写在人生之路上的诗行啊。

记得八年前，我第一次到国网天津滨海供电公司采访就遇到了张黎明。他当时刚刚从抢修现场归来，深蓝色的工装上还带着几许风尘。但从他脸上，我看到了一种朴实中又带有惬意的微笑。当听说我之前在内蒙古工作过时，他兴奋地说，原来我们还是老乡呢。他告诉我："我1969年8月出生于内蒙古乌海市，当时叫海勃湾。黎明的名字是父亲给起的，当生我的时候，天刚蒙蒙亮，随着一声孩儿的啼哭，一个小生命就来到了这个世上。小时候，我没有想到黎明的真正含义，等长大了，参加工作了，我越发感受到了这个名字的响亮。记不清有多少次，我们伴着黎明出发，走向抢修现场，走向施工工地，走向居民社区。每当我看到那轮旭日从渤海边冉冉升起，我便油然生出电力人的一种自豪感。"于是，我在那本书里补写了一章"滨海有个黎明共产党员服务队"。我当时有个直觉，这个张黎明是个好样的！

张黎明是个把工作着当成快乐来享受的人。他不是诗人，但他对未来充满了憧憬，对工作充满了诗意。当年他创建"黎明共产党员服务队"时的老领导檀庆宪就对我说过："每次见到黎明，他都是笑嘻嘻的，好像小孩子从

滨海黎明共产党员服务队紧急出发

来没有烦心事似的。作为服务队队长的他，一直把‘工作着是快乐的’作为自己的座右铭。”

在黎明共产党员服务队的窗前，有一片五色的月季花。就在最近一次采访张黎明后，我和他信步走到窗下，他久久地凝神望着盛开的花瓣，对我说：“这花开得真好看！”我问：“你喜欢花？”他笑了笑说：“我‘对象’也喜欢。”（天津人习惯将结婚后的妻子仍称为对象）果然，第二天上午，我去采访他的“对象”时，在他家小院里，也看到了盛开的花朵。他的爱人李海春说：“这花是张黎明亲手栽的。”我当时就想，像热爱生活一样热爱工作的人才是真正快乐和幸福的人。

七年来，我与张黎明有过无数次的交往，若久不谋面，也会在微信上交流一番。2016年七一前夕，我在央视《新闻联播》上看到了张黎明作为全国优秀共产党员代表受邀进京参加中央庆祝中国共产党成立95周年系列活动期间，受到习近平总书记接见、总书记与他亲切握手的新闻，便兴奋地用微信向他表示祝贺。我们在微信上聊了好久。他说，我就是一个普普通通的蓝领工人，尽职做了自己应该做的工作，组织上却给了我这么大荣誉，我把它看作是党和国家对我们国家电网员工的关怀和爱护。我问他，和总书记握手时，没说点啥？他带着几分骄傲说："我对总书记说，我是国家电网滨海共产党员服务队的张黎明。总书记笑着对我点了点头。"

张黎明热爱自己的工作，也热爱自己生活的这片热土。谈起天津滨海新区的发展，张黎明有一肚子的话要说。他告诉我，短短十多年间，他脚下这片曾经的退海滩涂之地迅速崛起，成为一颗在渤海湾畔冉冉升起的瑰丽明珠。这不能不让人想起"电力是经济社会发展的命脉"这句至理名言。

"我是看着滨海新区一天一天发展起来的，就像一条乘风破浪远行的大船，我们都在这条大船上，只有同舟共济，才能驶向理想的彼岸。"张黎明形象地对我打着比方。他偶尔有闲暇时间，也喜欢带妻子去海边转转，以弥补前些年失去的青春时光。他会开着车，穿过闹市，驶向大海的方向。那是一条由快速公路和高架桥组合的宽敞大道，两侧楼群鳞次栉比，沿街绿树花草连片，再配上五色灯光的夜景，真可谓美轮美奂。

"当我驶过气势雄浑的滨海大桥，就好像有一缕海风顺着打开的车窗吹了进来，有种说不出的美意。"张黎明说，"因为，这沿途的高压铁塔和银线，这远处林立的脚手架，都离不开电力工人的辛劳。抢修那会儿，我顾不上欣赏这一切，现在路过，却感受到了诗意，是劳动创造了美好生活。我也从中寻找到了快乐。"

我不禁想起我写在一本书中的话：大海犹如一首气势磅礴的交响乐，浪花挽着浪花，波涛涌着波涛，威震四方、惊天动地，令人耳闻目睹之后，顿生无限的勇气和力量。我恍然领悟到，这就是大海的力量，源于一个纳百川、容万物的壮阔胸怀；源于一种生命不息、奋斗不止的拼搏精神。

有一年，我到过天津海河大桥南侧的大沽口炮台遗址。那里不仅是中华民族抗击侵略、不畏强暴的历史见证，也是滨海新区跨越发展、走向世界的见证。我放眼望去，海湾簇拥着波澜壮阔的大海，卷起的浪花奔腾着，呼啸着远逝，那涌动的海潮在不知不觉中已打湿了我的脚面。此时的我已深深为大海那种气吞山河的雄壮、不同凡响的声势所震撼，在广袤威武的大海面前，我发现人是如此渺小，如同沧海一粟。但就是这沧海一粟，若汇集起来，也就形成了气吞山河的时代浪潮，这就是人民的力量，这就是工人的力量！

劳动是美好的，劳动创造了生活，这也是一个不争的事实。我目睹过蓟运河口，碧水蓝天，车水马龙。一幢幢拔地而起的生态型楼盘，一排排晶莹的太阳能光伏板，一座座旋转的白色风机，编织出了一幅绿色生态画卷。只是，对这些创造生活，创造美丽的人们，我们作家写得还是太少了。

我问过张黎明："当一个人几十年如一日，做着同一个工作，会不会感到枯燥？"

张黎明笑了笑说："一个人如果喜欢上了一项工作，将其当作了生命的一部分，他就不会感到乏味了。因为在他心中，工作着是美丽的。"

"工作着是美丽的"，这话让我想到了女作家陈学昭的一部同名长篇小说。小说的女主人公李珊裳两次出国学习，后来奔赴延安，投身革命。在生活中，她克服了自身的许多弱点，始终相信"只要生活着，工作着，总是美丽的"。

陈学昭这句"工作着是美丽的"的人生理念，在当时作为一句口号广为流传，潜移默化地影响着一代又一代读者，激发起了人们建设美好生活的激情。我不知道张黎明是否读过这部书，但我想，他参加工作后的热情与理念，也从另一个角度诠释了这句话。就是这个张黎明，在电力巡线抢修岗位上，一干就是三十一年，巡视线路八万多公里，完成"零事故"抢修两万多次。张黎明背着时光行走，岁月就像指间的风，不打声招呼，就跑出去几十年。

20世纪80年代，刚从校门出来，走上工作岗位的他，做的第一份工作就是电力抢修工。张黎明和我说过的一句话，至今仍让我感动。他说："抢修工作，干起来，挺舒服！"他说这话的时候，一脸的真诚，丝毫没一丝做作的样子。我知道，他说的都是心里话，他是把工作当成了幸福，当成了快乐！这种快乐是一种境界，是一种责任，让我想到了一个词：崇高。

多年后，在做好抢修工作之余，张黎明迷上了科技创新，谈到初衷，他告诉我，许多年前，他在做抢修班长时，带着新参加工作的小青年没日没夜地奔波在抢修一线，雨天一身泥，暑天一身汗，冬天一身霜，平时在家娇生惯养的孩子难免说上几句牢骚话。有一年夏日，在抢修间隙，他和几个新员工躺在荒郊野外的树荫下休息，张黎明就开导他们说，别看我们现在苦，可换来的是万家灯火和马达轰鸣，值！我们的国家发展得这么快，我估摸着，用不了多少年，电力抢修工作也会机械化，自动化，智能化，实现无人值守，自动监控。遇到抢修任务，会有个科幻片中的“钢铁侠”来助阵，我们在控制室里看大屏幕，在大树底下晒晒肚皮就是了。小青年笑了，说：“张班长，您给我画了张大饼。”

“他的话触动了我。”张黎明对我说，“想不如说，说不如做，我们工人最了解技术改造改什么，技术革新革什么。高大上的东西咱搞不了，咱就小打小闹。”于是，他发明了可摘式低压刀闸，缩短了停电范围，减少了作业时间，仅这项专利，就可将恢复送电时间由原来的四十五分钟缩短至八分钟，每年减少因停电造成的经济损失超过三百万元；他发明了高压刀闸多功能防护器，既能防腐蚀，又能防鸟害；既能防污闪，又能保安全……别看这一项项小小的创新，却凝结着张黎明多年的心血，诠释着张黎明爱岗敬业的精神。他将这些创新成果当成了自己的孩子，一谈起来就流露出一种发自内心的责任感和自豪感。张黎明称自己发明的高压刀闸多功能防护器为“三防小凉帽”，还信手写了首打油诗：

刀闸戴凉帽，
通引手拉手，
不怕风和雨，
允许鸟搭巢。

这是创造者诗心的自身陶醉，这是电力创客诗意的自我表白。在市场经济大潮冲击下的今天，在新时代集结号吹响的今天，我们的国家，我们的民族实在太需要张黎明这样的英模人物了。

后来，在国网天津电力和国网天津滨海供电公司领导的关怀支持下，以他的名字命名的“张黎明创新工作室”成立。他带领的创新团队完成四百多项技术革新，经济效益超一亿元，带动创客队伍一百五十七人，荣获“国网公司科技进步一等奖”等省公司及以上级别奖项一百三十五项，国家专利一百五十八项（实用新型一百四十二项，发明专利十六项），其中有二十多项创新成果填补领域空白，张黎明主持的项目获国家专利二十四项。

于是，在《黎明　我们出发》问世后的第三年，2018年5月，受国家电网公司的委托，我再一次走进了天津滨海新区，走近了张黎明。三年时间不算长，也不算短。但恰恰就是这三年，人到中年的张黎明，开始了人生的三次跨越。2015年五一节前夕，他荣获了全国劳模、全国职工职业道德建设标兵个人称号；2016年七一前夕，他被评为全国优秀共产党员，并作为特邀代表参加人民网“庆祝建党95周年”访谈节目；2017年党的十九大召开前夕，他当选为十九大代表，又出席了具有划时代意义的中国共产党第十九次代表大会。一个又一个荣誉接踵而来，但张黎明还是那个张黎明，回到国网天津滨海供电公司，穿上工装，他还是“黎明共产党员服务队”的队长，走进试验室，他还是“张黎明创新工作室”的带头人，唯一不同的只是感到自己肩上的担子又重了许多。

来滨海之前，我应国家电网公司工会之约，到国家电网英大传媒集团大厦与中国电力作家协会潘飞副主席有过一番长谈。他刚刚从国网天津电力调研回来，也是遵照国家电网公司工会的工作安排，专程为国家电网公司开展学习宣传张黎明英模事迹活动而去的。我们就新书的选题策划与写作进行了探讨，并达成共识，初步确定这部由我执笔写作的长篇纪实文学的题目为《黎明　再出发》。由黎明“出发”，到黎明“再出发”，张黎明是带着人生的诗意行走的，三十一年如一日地行走，这也正是张黎明的可贵之处。

我不禁想到我一首散文诗里的句子：*岁月的蹉跎，有时会压弯了腰，抬起头，甩一串汗珠，恰好溅到路边的花瓣上，我好奇地蹲下来，看了看，很像昨天清晨，那朵玫瑰上晶莹的露珠。*张黎明不正是携着劳动者的信念在一次又一次出发吗？时光下的行走，会留下一个又一个带着时代印记的驿站，任他一路策马扬鞭，却永远无暇回身小憩。他非但没把紧张的工作生活当成一种负担，却当作了一种享受。

来滨海的当天，我到张黎明创新工作室，迎面看到一台庞然大物，机械臂、钢履带、遥控面板……莫非这就是传说中的“钢铁侠”，那台张黎明筹划很久的“配网带电作业机器人”？一看标识“创享Ⅰ号”，我不禁暗自叫好。我解读为：将创新当作享受。这响亮的名字，一定又来自张黎明的创意。此时，中央电视台的记者也在采访张黎明，他们围住他问个不停。我左看看，右看看，恍然想起多年前，他在野外抢修现场与青工说的那一席话，没想到他先前画的那个“大饼”，居然快要做“熟”了！

张黎明告诉我，这台“创享Ⅰ号”是他们创新工作室与清华大学清研同创机器人天津有限公司、南瑞集团联合研发的高科技产品，目前正在进行测试和改进，力争年底前研制出“创享Ⅱ号”。明天下午，他将带着这项成果去参加在天津开幕的第二届世界智能大会。我静静地倾听着，真替他高兴。三十一年来，张黎明带着人生的诗意远行，虽说无法追回青春，但却留下了值得骄傲的人生轨迹。不久前，我与国网天津滨海供电公司时任党委书记任峰聊起张黎明，他说：“张黎明的成功就在于他的简单和执著。他的人际关系简单，为人处事简单，所以才能静下心来，专心去做实事，这也是他质朴的性格决定的。他做事执著，有一股常人所不具备的韧劲，从不计较个人得失，干一行，爱一行，专一行。在抢修班，他是好班长；在服务队，他是好队长；在创新室，他是好室长；在讲堂，他是好师长；在家庭，他是好家长。为了发扬张黎明的精神，我们公司开展了‘黎明·明理’系列活动，就是为了让我们的公司涌现出更多的张黎明。”

就在我着手写《黎明　再出发》这部长篇纪实文学作品时，从国家电网传来消息，中央宣传部、国务院国资委、全国总工会调研组赴天津，就选树张黎明作为全国“时代楷模”进行调研后，中宣部决定近期向全社会公开发布“时代楷模”张黎明先进事迹。我陡然间增加了创作的压力，要知道，“时代楷模”是中宣部集中组织宣传的全国重大先进典型，是目前国家规格最高，影响力最大的荣誉称号。张黎明精神的可贵之处就是用实际行动生动诠释了习近平总书记“劳动最光荣、劳动最崇高、劳动最伟大、劳动最美丽”的重要思想，谱写了新时代的劳动者之歌。因而，写出一个真实而生动的张黎明，对我的创作是一个大考。

我知道，这次文学创作也是一次再出发，要像张黎明那样：做人要简单，做事要执著。把浮躁踩在脚下，才能甩开创作的羁绊，大步行走。我愿拿出张黎明的精神，来塑造张黎明，像张黎明那样，带着人生的诗意去创作，去再出发，不要幻想会有一路顺畅的美事，一次倾心的写作就是一块铺路石，路能铺多远，人才能走多远。

中央电视台“时代楷模”发布现场

第一部

黎明现象

平凡是一粒未知的种子，当播撒之初，无人能看到它的未来。但是，平凡可以孕育信念，可以孕育感动，可以孕育成功，可以孕育伟大。从张黎明身上所迸发出的那种奉献精神和创新火花，让我看到了一种力量，看到了一种希望。

我想说，张黎明是这个时代蓝领工人的杰出代表，无愧于“时代楷模”的称号。他很平凡，也很伟大；他很普通，也很崇高。黎明现象的出现绝不是偶然的，它是新时代的产物，代表了当今蓝领工匠报效祖国、创新科技的胸怀和勇气。而今，黎明现象不仅仅代表张黎明个人，而且代表了新时代产业工人蓬勃向上的时代精神。

第一章　黎明的拥有

01　拥有昨天的记忆

在张黎明的眼里，昨天的拥有只是一种记忆，无论是踌躇满志，还是春风得意，都会化作春泥，融入沃土。春花开了，又谢了，拥有，并非就永远属于你。有人对张黎明说，你现在功成名就了。他置之一笑，并没感到自己有什么了不起。他说得最多的一句话就是：“我就是一个蓝领工人，离开了电力战线，我什么都不是！”

张黎明的愿望是简单的。他不止一次对我说过，但愿有一天，人们想用电就有电，但又感觉不到电力运行人员的存在。这就是电力人的最佳境界了。接着他又打了句比喻：电能就像风、水、阳光、空气一样，就在每个人身边，人们好像感觉不到，可没人能离开它。到那时，老百姓无论走到哪里都能享受到电能的馈赠，这就是电力人最大的愿望和畅想了。

张黎明谈起电来总是眉飞色舞，难怪他爱人李海春说，他就是为电生的，三句话离不开电。前几天，我为写这本书，再次到张黎明家采访，他的“对象”对我说：“黎明和习近平总书记握了手，当晚，好多邻里看到《新闻联播》，都来祝贺，说，‘你对象上北京见到了习总书记，出大名啦！’我听了，也没感觉黎明有多了不起。在我眼里他就一个普普通通的人。那次，黎明去北京开会，走得急，连衣服都没来得及换。我追出门说，这么大的事儿，你怎么也换套好点的衣服吧？黎明笑笑说，这身挺好的呀。公司工会主席杨绍中看了也说，张黎明，你就不能穿件新工作服吗？看起来，他对穿戴真没什么感觉。要说有感觉，那就是半夜打来抢修电话了。铃声一响，他就是躺在睡梦中，也能腾地跳起来，抓起工作服就往外跑。最近他又迷上了带电作业机器人，在家有空就翻资料，对着墙壁愣神，不提醒，衣服也不知脱下来换。看他这么邋遢，我也就不管他了。这是他长期工作养成的习惯，改也难。”

听了这一席话，我一大感受是：张黎明最大的拥有不是物质，而是精神。他拥有自己那一片天空，拥有人生那一片土地，拥有现场那一股抢修热忱，拥有职场那一种创新乐趣。

张黎明对自己拥有的这一切很满足，坦言自己生在了好时代，从事了自己所喜欢的工作。几年前的一天，我们俩站在黎明服务队的院子聊天，我问他："你是怎么想到走进电力行业的？"

他笑了笑说："也许是命运安排吧。我这个人，似乎生来就喜欢电力抢修工作。这么多年来，从来也没有想过调整一下工作。当初报考电力技术学校，也是由于我的物理成绩好，并没想太多。可一旦入了这个行当，就变得痴迷起来了。"

2005年9月，也是张黎明初中毕业二十年后的一个周末，他突然接到了同事刘焕成的电话。他问道："黎明，你还记得崔老师吗？"张黎明说："我的班主任嘛，哪能不记得呢？"刘焕成说："那你快过来，崔老师在我这儿呢！""我虽说是焕成的下几届初中校友，但我俩的班主任都是崔老师。我只不过是崔老师的最后一届学生。她爱人出事后，为了方便照顾丈夫，她从汉沽去了天津市内，听说后来又转到一所私立学校。"张黎明说，"那天，我是带着儿子一道过去的，在一块吃了饭，聊了天。师生多年不见，自然是别有一番惊喜。"

平时，张黎明很少在儿子面前讲当年上学的事情。崔老师对他儿子说："你爸爸是我教的最后一届学生，当年以第一名成绩进了我的班，三年后又以第一名成绩出去的。若不是由于户口不在汉沽，上不了汉沽重点中学，上了高中，也许命运就不是今天这个样子了。"

儿子回来对父亲说："爸，若不是崔老师亲口讲，我还真不知你学习这么优秀，我原以为上电力技校都是考不上高中才上的。"

崔老师那次谈话，对儿子的影响很大，他学习的劲头明显提高了。高考时，他以优异的成绩，考进了天津大学。

"说起来，我在初中时，受大环境的影响，学习不十分刻苦，玩的心很盛，也受过父亲的责骂，到毕业考试时，尽管在班上排名第一，但还是进不了重点高中。”张黎明回忆说，“我还记得，临近毕业考试前，学校一位主管教学的副校长，针对毕业班数理化三门课程，一气出了三套题，结果卷子答得最好的就是我，曾被那位校长称之为‘卧龙’。当年中考，我也从中受了益，其中一道化学题，恰好就在我做过的那张卷子里出现过。”

张黎明从小学到初中，学习成绩都不错。到了1984年，他十五岁，该上高中了，他的理想是上重点中学，但由于户籍原因，无法报考重点高中，只能以第一名的成绩进汉沽的普通中学。

“我的初中班主任崔老师是位和蔼可亲的女老师，对我的影响很大。”张黎明说，“我当时信奉社会上所说的‘学好数理化，走遍天下都不怕’，历来理科成绩都不错，但我就是不喜欢学英语，影响了总成绩。毕业前，有一次开家长会，由于父亲得知我不好好学英语，还挨了他一顿打。”

当年中考，张黎明的物理考卷得了99分，是汉沽考生第一名。他的物理老师特别高兴。面对上高中，还是上电力技校，张黎明选择了后者。从而也就决定了他日后的职业生涯。

“我那会儿的毕业去向有三种：升高中、上中专和考技校。在毕业填写志愿时，崔老师不同意我报考天津电力技工学校。”张黎明说，“崔老师的爱人是天津化工厂的变电运行工，在一次值班时，被电击致使严重烧伤，所以她对从事电力行业，还是心有余悸的。我又是崔老师的得意门生，这也是她不同意我报考的原因。可我对与物理有关的电学还挺有兴趣的，工人技师出身的父亲也支持我的愿望，再加上技校还享有三十七块钱的工资待遇，所以我还是报考了天津电力技工学校。”

02　拥有校园的苦乐

也正是这个看似随意的选择，让张黎明拥有了三十一年的电力职场生涯。看来昨天的拥有，除了拥有自己的记忆外，还拥有自己飞翔的天空。

我三年前来滨海的那次采访，偏赶上年终岁尾，张黎明很忙，除了那次长谈外，别的交谈都零零碎碎的。那天傍晚，我和张黎明从国网天津滨海供电公司大楼走出来，沿着营口道朝西走，边走边聊，在路过一个路口时，恰巧碰到兄弟班组在抢修一处地下电缆。此时正在说话的张黎明，像接到指令似的，立即甩下我，跑了过去。我一愣，以为出了什么事，也随后跟了过来，原来那里挖开了一米多深的大坑，十几个抢修工人正在修复一根破裂的电缆线。张黎明蹲下来，向施工的头儿了解了一下情况，又叮嘱了几句，才不好意思地回过头，对我说："刘老师，让您久等了，我们接着聊吧。"

我笑着说："没关系，这就像我写作一样，看到了一个好素材，总想钻进去，好好看一看的，这也算是职业病吧。"

张黎明说："您说得没错，我这个人啊，就喜欢干抢修，每当完成一个任务，看到用户和市民感激和信任的目光，就好像战士打了一个大胜仗那般兴奋，否则，我会睡不着觉的。"

我好奇地问："我看您对抢修这个行当很感兴趣，是从进了电力技校开始的吗？"

"也不是。"张黎明坦诚地说，"我初到天津电力技工学校，等于换了一个学习环境，来此学习的同学大都目的性很强，那就是毕业后谋得一个电力行业的铁饭碗。因而，学习的劲头就不像读高中的同学那么足了。说心里话，我也一定程度上受了点影响。"

张黎明在天津市区上学，是个住校生。当时家里经济条件也不十分好，一个人在外读书，生活也蛮清苦的。在电力技校，他每个月的生活费大约四十块钱，不足那部分，家里还要每月给点贴补。学校食堂里的主食是面食，张黎明偏偏喜欢吃米饭，吃着很不习惯，也就盼着每周回家解解馋。那会儿，每次车费需要花一块三毛钱，他就每周往返在天津与塘沽之间。

"电力技校的生活是枯燥的，每天三点一线地周而复始。在我看来，电力技工的文化知识要求也不是很高，重要的是实践方面的知识，因而也觉得学得很轻松。"张黎明说，"十六七岁的年龄，还是一身的孩子气，业余时间喜欢玩，喜欢看影视剧，喜欢看金庸武侠小说。还一度迷上了日本喜剧影片《寅次郎的故事》。影片讲述了一个热爱家乡却四处流浪、又乐于助人的闲人寅次郎的故事，让我也幻想着有一天，像父亲当年那样，四海为家，游走天涯。”

张黎明告诉我，说来可笑，他们那个有四十多人的班，大都来自市区，住校的只有八个学生，竟有四个姓张的，张黎明的年龄最小，人称他们为“四大张”。那个年龄段，正是调皮的年龄，晚上没事干，他们四人就琢磨着去食堂偷西红柿。隔着窗户进不去，张黎明就琢磨出一个小发明，用设备包装木箱的铁条制作了一个铁套环，用竹竿伸进窗户里，远远地就可以套两个西红柿。

“现在看起来，我这种举止很不雅，不想，却也博得了小伙伴的喝彩，说我脑子活，有点子。”张黎明说，“到了入学的第二年，我开始对电产生了兴趣。中学时，我的物理成绩就好，这下也派上了用场。经常做些小实验，也和老师探讨一些问题。”

“到了1986年，我们那届学生开始毕业实习了，我来到了塘沽供电局，当时供电科的田震华副科长领我去了高压运行班。实习的日子，我第一次感受到师傅们那种爱岗敬业精神。那一年，我刚好十七岁。我学着老师傅的样子，每天早早地来到岗位，做一些力所能及的活儿，我仿佛一下子长大了，不再是那个调皮捣蛋，偷食堂西红柿的孩子了。”

“1987年的9月，我正式分配到塘沽供电局线路运行班，从事线路运行维护和故障抢修工作，开始了我的职业生涯，而且这一干就这么多年，想来想去，都是兴趣使然。”张黎明说，“说来也巧，我第一天报到上班的方位就是如今我们服务队所处的位置。尽管老的房子格局变了，但方位没有变，看来人生也并非都是三十年河东，三十年河西。”

03　拥有父辈的榜样

我一直认为，你若想走入一个人的内心世界，就要了解他的人生历程。

这就像一块大海的礁石，它迎击风浪冲击的岁月，决定了它的意志的硬度。只有经历了黎明，礁石的梦才会苏醒，它会面对朝霞向蓝天倾诉，那个扬帆远行的故事。

那天，我和张黎明做了几小时的长谈，从他的儿时谈起，谈了他的童年，他的少年，他的青年。当无数个黎明从他身边划过的时候，他并没记录每天都做了什么，但他坦言，他也没有忘记流逝的日子，他说：人不能总是沉湎在岁月的往事里，但偶尔回首往事，也是一种幸福。

张黎明告诉我，他的老家在河北，生在内蒙古，长在湖北。父亲是中国建筑工程六局的职工。这是一个有着光荣传统，能打硬仗的国有企业，隶属于中国建筑工程总公司，为“世界500强”之一，也当属中国最大的建筑房地产综合企业集团。

在他记忆里，父亲那么多年走过了那么多的地方，亲手参与建设了海勃湾矿区、十堰第二汽车制造厂、丹江口水库、天津引滦入津、天津军粮城发电厂、天津大港发电厂等一大批国家和地方重点工程建设。父亲很忙，根本也顾不上家，就像他后来一样。家属院里的孩子们都觉得他们家的大人了不起。他们会时不时地听到叔叔们哼几嗓子在那会儿很时髦的戏词：大吊车，真厉害，成吨的钢铁，它轻轻地一抓就起来……

“黎明，我们都是从那个年代走过来的，”我说，“我了解那一代人的情怀。我们的父辈生活都艰苦，但他们却做到了以苦为荣，以苦为乐，把青春都献给了年轻的共和国。他们是最值得敬仰的人。”

“是啊，现在回过头来才发现，父辈对我的影响太大了。”他感慨地说，“参加工作后，父亲总是告诫我，做人和干工作都要讲究一个责任，要行得正，走得直！这话我一直记着。”

我们头次见面就互称了老乡，所以聊着聊着就聊到了内蒙古，聊到了海勃湾。儿时，海勃湾这个名字对我来说并不陌生，但似乎很遥远。我一直搞不懂，位于内蒙古西部的乌海市，远离大海，为何起了一个与大海有关联的名字。后来才知晓，海勃湾地名是由蒙藏语“海若布刀亥”演变而来的，意为“雄狮之湾”。相传在成吉思汗时代，有个名叫约勒道日玛的铁匠，在卓子山上为成吉思汗西征制作弓箭和甲胄，成吉思汗得胜后便把卓子山这片肥沃的土地赐给了铁匠。铁匠的儿子海若布，犹如雄狮一般英武、剽悍。久而久之，蒙古族牧民就以他的名字来称呼这里的草地，便有了“海若布刀亥”的名字。

张黎明对我说，他虽说生在海勃湾，但两岁时，家就搬到了湖北十堰，因而没留下太深印记，唯一记忆就是父亲告诉他的，那里到处都是煤矿。据说，在他家离开海勃湾多年后，分别隶属伊克昭盟的海勃湾市和巴彦淖尔盟的乌达市，在讨论行政区域合并时，有人提出取海勃湾和乌达的前一个字，名曰：海乌市。周恩来总理说，叫乌海，乌金之海嘛，取能源似海取之不竭之意。

“我的对象海春也生在海勃湾，她比我大四个月，也是中建六局的家属。我们两家那会儿，都住在一个家属大院里，我俩打小就认识，父一辈，子一辈的，当年虽说青梅竹马，却没想到日后会走到一起，组成了一个家。”

从张黎明记事那天起，就在不停地搬家，父辈的足迹也遍布了大江南北。先是从内蒙古海勃湾搬到了湖北十堰，又从湖北十堰搬到了天津汉沽。他回忆道：“离开湖北那年，我十一岁，我还清楚地记得坐了九个小时的火车来到了武汉，然后又转车来到天津的汉沽。这一路上的风光，我至今还历历在目。那会儿，我就对沿途的高压铁塔和电线杆感兴趣，想到若是能登杆架线有多神气，真没想到日后会从事这项工作，而且一干就是一辈子。”

他们家1984年从汉沽搬到了塘沽，一待就是三十多年。那会儿啊，孩子们会成群结队地到海边玩，捡贝壳、抓螃蟹、看日出。你要说期盼吗？一个是过年，一个是快长大。他们也会跟着收音机唱那会儿的流行歌：“小松树，快长大，绿树叶，新枝芽……”

张黎明说很喜欢“黎明”这个名字，生他那天停电，恰好又赶上黎明，在晨曦里，伴随着孩儿的啼哭，晨光也洒入了产房，父亲说，儿子就叫黎明吧。当初，父亲没料到，黎明，这个名字会伴随着海勃湾的日出诞生，最后又落脚到一个真正的滨海城市。父亲也没料到，黎明，这个名字还会伴随着共产党员服务队，成为国家电网，以及国网天津电力和国网天津滨海供电公司的标杆和品牌。

04　拥有黎明的执著

人生，永远走在路上。这是我来滨海几天之后，脑海里迸发出来的一个念头。因为，不管你对人生的态度如何，都要面对人生的若干次选择。就像有无数个黎明，也有无数个夜晚，不管你是否愿意看到，它总会不期而至，朝你走来的。我也不禁想到，我这个人似乎多少总和电有些缘分或是瓜葛。当年下乡插队时，我们村还没电，到了第三年春上，县里要给我们这儿通电了。这对农村生产队来说，可是件大好事。大队研究，打算让我这个知识青年当村里电工。没多久，我被抽到县里培训去了。谁知，三个月的学习期还没结束，我便被选调进了一家国营毛纺厂，先是当了两年空调工，后又调入电工班，干了两年，适逢1977年恢复高考，我又离开了。现在想起来，若不是命运的安排，我也许仍然在做电工呢。

可张黎明呢，从走进电力部门的那一天起，一晃三十一年，就再也没离开过电力抢修一线，一个人的一生能有几个三十一年？这对一个人来说，是何等漫长的岁月？

那次采访听到这里，我禁不住地问："张师傅，你总是在重复着同一项工作，难道真就没有什么厌倦，或是有什么想法吗？"

张黎明说："要说没什么想法，那是在说谎。面对人们的不理解，和工作中遇到的流言蜚语，我也产生过活想法。前两年，还有人开我的玩笑：张黎明，你怎么进步这么慢呀，都快干三十年了，得了无数个奖章，也才混了个抢修班长。这话让我听了很不舒服，不过，也只是在头脑瞬间一闪，冷静下来，我也就释然了。我想，人生贵在坚守，我喜欢抢修这份工作，它让我找到了工作的乐趣和人生的价值。至于名利和地位，也不过是过眼烟云，有什么值得在乎的呢？"

张黎明还清晰地记起他刚入职运行班的情景："我那会也只有十八岁，还一身孩子气。当时坐在门对角的是陈林，除了我，他在当时算是最年轻的巡线工了。我的斜对面呢，坐的是老班长刘金章和我后来的师傅赵锡纯。我们运行班那会儿总共十一个人，有七个巡线工，四个检修工。

"来报到的第一天，我对周围什么都感到新奇，来到了一个全新的工作岗位，我不知道我接下来，都该做些什么。我第一天来运行班报到，父亲对我说：'你上班了，当上产业工人了，这就说明你有责任了，不要小瞧了巡线工，那可是关系千家万户的大事啊！'

"那天，师傅们带着我去熟悉环境，我还第一次坐上抢修车，亲历了一次抢修。由于事发突然，我们连中午饭都没顾得上吃，从上午十点，一直干到晚上八点多钟才下班。我有几次都在想，我也插不上什么手，是不是该先走一步呀？可一看师傅们那种什么都不顾的执著劲儿，我的内心受到了深深的震撼，原来，干工作，还有这样一种不要命的干法！"

就这样，张黎明和班上的各位师傅就以这样的形式见了面，开始了他的职业生涯。刘班长看张黎明刚从技校毕业，也算个文化人，就让他帮着整理值班日志和抢修记录，后又让他做了一段资料员。不过，张黎明的兴趣在抢修一线，经他多次要求，几个月后，他加入到运行班事故抢修和线路巡查的行列中，由班长刘金章带着他学技术，没过多久，赵锡纯就做了他的师傅。

从那会儿起，张黎明开始了风里来雨里去的职业生涯，他也开始懂得：巡线工作对巡线工来讲就是一种责任。当人们还在酣睡时，说不定，就有无数个晃动的身影在静谧的夜色下默默无闻地用苦干迎来第二天的黎明，就像人们很熟悉的一首歌：*没有花香，没有树高，我是一棵无人知道的小草*。

那些小草，以其浓浓的绿色，来装点美丽的原野，每天都笑迎黎明的晨曦。而电力人的默默付出，是为了让人们睡得更踏实，让生命的绿色装点美丽的家园。张黎明刚参加工作那会儿就遇到了许多这样的情况。那年夏天，塘沽一连下了几天的暴雨，造成了郊区农户的大面积停电。张黎明跟着刘班长和赵师傅，接连干了十几个小时，双脚踩在泥水里，将狂风刮断的电线重新连接起来，让短路跳闸的变压器重新运行起来。他们顶风冒雨查找一个又一个故障点，消除了一个又一个事故隐患。当他们抢修完最后一处故障点之后，才发现东方已经露出了鱼肚白，远远看去，大海边的黎明是寂静的，海边的渔村是寂静的，海边的小路也是寂静的，此时此刻，没有车声，没有人声，有的是一片宁静。

05　拥有黎明的感动

张黎明对我说："也就在那一刻，我被自己感动了，因为我看到了黎明的晨曦，那是一片金红色的宁静，连远处的沙滩也是金红色的，细细碎碎的沙粒是那般渺小，但我却把它和我的名字联系了起来。"

黎明，多么响亮的名字啊。看惯了云卷云舒，习惯了潮起潮落，拥有明天的黎明，也就成了一种期待。多年后的今天，张黎明回忆起往事，仍历历在目。他说："我们黎明共产党员服务队能走到今天，应当说是传承了老一代电力工人的光荣传统。在那个年代，师傅们都是这样做的。我从他们身上学到了许多技术，也学到了许多精神。"

我倾听着张黎明的讲述，老一代电力工人的形象，在我眼前豁然高大起来，他们生活的那个年代，中国的综合国力还不强，国民收入普遍低，但是他们的境界，却远远超越了那个时代。张黎明和黎明共产党员服务队今天所做的一切，不正是秉承了老一代电力人的精神，并融入了时代的元素，愈将其发扬光大了吗?

1990年的夏天，刚参加工作不久的张黎明遇到了让他铭心刻骨的经历。那年天津塘沽接连下了好几场暴雨，线路事故也随之频发，抢修班忙得几乎疲于奔命。张黎明和师傅们好几天都没睡好觉了。次日黎明时分，暴雨虽然还在哗哗地下，他还是跟着张连运、孟祥芳几位师傅连跑带颠地去了新的抢修现场。雨水不光顺着雨衣往下淌，还顺着他们的脸上往下淌。那个事故发生在六道桥到中心庄一带的10千伏高压线路，由于连日暴雨使沿线多处发生故障，沿途可看到有的电线杆拦腰断在了稻田里，造成了当地大面积的停电。

张黎明跟着几位师傅赶到现场，不禁被眼前的情景惊呆了，情况比他们想象的严重得多，不光线路断了多条，有的电线杆也摇摇欲坠，急需马上抢修。豆大的雨珠噼里啪啦地砸在了车顶。他们冒着雨匆匆跳下车，将抢险工具、备件和电线从车上卸下来，马上投入抢修线路中。那天他们从早晨一直干到晚，一天只吃了一顿饭。

老师傅们在雨中身先士卒的身影给张黎明留下了深深的印记。他们的裤脚都是泥，脸上都是雨水，一声霹雳从头顶上炸响，将路边的一棵树劈开，他吓得不轻，可师傅却不以为然。他对我回忆说："抢修过后，我脚踩在泥泞的路上，回头看了一眼重新竖直了的电线杆和连接起的电线，满身的疲惫都随着乌云消散，当时一心去排除故障，就没有感到一点苦，连雨点打在脸上也有种热乎乎的感觉。"

平凡的电力抢修班，真诚的奉献心。听着张黎明的讲述，我就在想，岁月无痕，但人生如歌，总有一种精神让人感动。源于平凡，结伴平凡，升华平凡，才是人生真正的高度。在张黎明刚参加工作那会儿，我们的国家还很穷，我们的人民还很穷，我们的电网还很薄弱，可就在那种艰苦环境下，塘沽地区的电力部门和员工，还是凭着一股干劲，凭着一种精神，加快了电网更新改造的步伐，加强了日常的电网维护，用聪明的智慧和辛勤的汗水，保证了人民群众的用电安全。

第二章　黎明的担当

06　一位老巡线工的情怀

在张黎明眼里，巡线工的担当就是无声的行动。虽说艰苦，但在他眼里，却美得像一首诗。每天在重复走着同一条线路，朝踏晨露，夕送晚霞，于无声处，像一股静水深流，向着既定的方向流淌，一任沧桑，无视云雾悠悠。

他告诉我："第一天巡线，在漫无边际的旷野里，我是一路哼着歌行走的。我在想，边防军在边境巡逻是为了老百姓的安宁，我们在原野中巡线，不也同样光荣吗？我喜欢这种行走中的工作，挺好的。可过了没多久，我就尝到巡线工的苦滋味了。巡线工可不是游山玩水的，靠的是一双能发现线路故障的眼睛。一路要死死盯住沿途高压线路，路过每个铁塔都要仔细检查每一颗螺丝，每一个部件，不能留下任何隐患，身上的责任十分重大。"

"在那个年代里，巡线的通信工具还很不发达，不像现在手机成了每个人的必备品。"张黎明说，"我们手头也没有电话，只能是在结束巡线后，约定俗成地在指定地点等候大卡车再回来接我们，要不见不散，万万不可私自挪地儿，否则在荒凉的林木草丛之间就无处找寻了。"

张黎明向我讲述了当年跟着师傅出去巡线的情景，他们通常的做法是：早上一上班，几个人坐上运行班配备的大卡车，车上放着各自的自行车，每驶过了一段路就甩下一个人和自行车，然后就各自为战了，主要是巡查10千伏至220千伏的电力线路。

有一次张黎明独自巡查完线路，迟迟不见大卡车回来，他只好孤零零地站在一片坟茔地旁守着，眼前是一堆白骨，还有狂吠的野狗，那个场景让他顿时有种毛骨悚然的感觉。张黎明和我谈到这儿的时候，感慨地说："如今的年轻人太幸福了，从交通工具到通信工具，从抢修设备到办公环境与我们当时的条件相比，那真是一个天上，一个地上。我时常对小青年讲，要知足，不要抱怨，国家给我们的，企业给我们的已经很多了；不要光想着如何安逸，如何轻闲；前人栽树，后人乘凉，要懂得感恩。”张黎明告诉我，要知足，要感恩，这话是当年师傅经常对他讲的，他们那一代比我们更艰苦。

2014年岁末的一天，采访完张黎明，我应邀去他家串门。我们一路向前走着，他告诉我，他天生方向感就强，但凡驱车走过一遍的路，他甚至能记住有多少个转弯，有多少个红绿灯，附近都有什么样的建筑，什么样的路况。这就是巡线工的基本功，不光要有火眼金睛，还要有不迷路的方向感。

在张黎明记忆里，刚参加工作的那两年，是他职业生涯最难忘的两年。他总觉得有学不完的知识，有使不完的干劲。“我日常跟赵师傅出现场，有空就从整理班组抢修记录开始做起。这中间涉及许多数据的统计。那会儿还没有电脑，只能用笔来记录和统计。我记住了师傅的话，每一个巡线员和抢修工都是管家，电力设备都是你的命根子。”张黎明回忆说，“我们每个人都在边巡线，边抢修，边整理‘资产账页’，抢修的十八般武艺，都要来试试手。回到家里，我也不闲着，抱起电力抢修的专业书，一看就是大半夜。母亲心疼了，就过来催着我早点睡觉，明天一大早还要上班呢。父亲却说，年轻人多学点东西没错儿，我年轻的时候也这样。”

在同事的眼中，张黎明是一个热心肠。从走进运行班那天起，张黎明在师傅们的言传身教下，就养成了助人为乐、办事认真的好习惯。有年冬天，张黎明主动替请假的同事去巡查“军大线”（军粮城—大沽），这条电力线路沿线有七十七根电线杆，路途较远。他骑上自行车，冒着凛冽的寒风，艰难地行进在线路上。由于是顶着风，中途有好几次，他不得不下车，推着车子行走，风沙刮到脸上，睁不开眼睛，撕撕裂裂的痛。

“巡线是个良心活，想要投机取巧的话，也没人看得见。可我依然按着指定的路线巡查，不放过一个疑点。”张黎明说，“我来到中心庄，那儿的线路周围全是稻田地，还有一道水渠，已经结了一层薄薄的冰。水渠虽说不宽，但自行车肯定是骑不过去的，我就把自行车举起，朝对面扔了过去，没想到却掉在了水渠上，把冰砸裂了。我没办法只好跳到水渠里去捞自行车，冰水齐腰，尽管我小心再小心，还是把我的棉裤都浸透了。就这样，我忍着

张黎明在抢修作业现场

结了冰的棉裤那冰冷的寒气，坚持骑着车子把整段电力线路巡查完。”

听到这里，我就在想，如果这事儿摊在了我的身上，我会如何面对呢？我没有想下去，因为，这对任何人都将是一个严峻的考验。这就是张黎明的担当，这就是电力巡线工的担当。

我想，一个人的成长，是有多方面因素的；一个人的成功，也是有多方面因素的。张黎明今天所取得的一切成绩，都离不开最初在运行班里所受的熏陶。是老一代电力前辈的好传统哺育了他，使他真正成了一块前辈所期待的金子。功夫不负有心人，几年的历练，使得张黎明的业务能力有了突飞猛进的提高。他闭上眼睛，能够说出运行班所辖的线路有多少座铁塔，有多少根电线杆，它们的位置都在哪儿，有哪些地形特点。同事们都称他为“活地图”。

07　一桩十年成金的期许

张黎明在高压运行班做巡线工一干就是十年。十年间，张黎明感受最深的两个字就是“担当”。他告诉我：“从运行班师傅身上，我不光学到了他们传授的技术知识，还学到了他们的责任担当。”

来运行班没几天，时任塘沽供电局供电科的田震华副科长找张黎明谈话，说：“小张啊，你可知道，你所在的运行班可是一个特殊的班组，那几个师傅个个抗硬，都是供电局的业务骨干啊，你小子跟着这样的师傅，就偷着乐去吧！”

张黎明说：“田科长，我明白，一定好好向师傅学习。”

田震华看着这个踏踏实实的小伙子，从心里喜欢，说了许多贴心话。有一句话，张黎明至今仍记忆犹新。他回忆说：“临走时，田科长拉着我的手，语重心长地说，‘小张，运行班是个老先进班组，不能没有后来人啊，我给你十年时间，你要十年成金！’就是这句话在我心里埋了好多年，每当有困难的时候，我就想起这句话，想起田科长的目光。”张黎明将老科长的话铭刻在心底，只是为了这一句期许的话，他默默地将其化作了无声的行动。

在20世纪80年代，张黎明身边有许多师傅和同事都燃烧着一种激情，把巡线抢修工作当作了责任和快乐。越是脏活累活，越有人抢着干。无数次风里雨里，张黎明和师傅行走在巡线路上，晴天一身汗，雨天一身泥。遇到高空作业，运行班的抢修人员还要穿上厚厚的绝缘服，坐在斗臂车里，一待就个把小时，一场带电作业下来，绝缘靴都能倒出水，里边衣服都能拧出汗。他们凭的是什么，靠的是什么？就是两个字：“担当”！

张黎明给我讲了这样一个故事：那是1989年的深秋，220千伏汉大线的219号铁塔发生故障，因为汉大线是一条带着重要负荷的线路，必须尽快带电处理。张连运和孟祥芳二位师傅带着他们几个青工迎着寒冷的秋风前去带电抢修。他们开着抢险车赶到事发地点，一下车才发现迎面是一片芦苇水塘，219号铁塔位于一个回形水塘中央，要穿过一片乱泥塘，再攀上几十米高的铁塔，就成了摆在他们面前的大难题。按照带电作业规程规定，带电工器具和作业人员要保持干燥状态，不能沾上任何水星儿。眼下没有其他的办法，只能在上面架桥。他们当时是怎么架桥的呢？是用木梯子横着架过去，但木梯子中间部位比较软，人一踩上去就会落到水里。张孟两位年近五旬的师傅毫不犹豫地跳进泥塘，站到冰冷刺骨的水里头，用肩膀扛起梯子架起了一座“人桥”，让他们带着工具从“人桥”上通过。张黎明说：“当我从这条颤巍巍的‘人桥’上经过时，我能感觉到老师傅们在传递给我一种精神，这里面包含着信任——要甘为人梯；包含着责任——接受的任务必须完成；包含着信仰——面对困难我先上。”也就在那一瞬间，张黎明脑海里闪现了电影《创业》中铁人王进喜跳进泥浆池用身体搅拌泥浆制服井喷的镜头。这场景让张黎明至今仍难以忘怀。他动情地说：“张连运和孟祥芳师傅就是我身边的王铁人，他们的壮举对我产生了很大的影响，让我懂得了什么是工人阶级的‘担当’！”

是的，“担当”这个词分量很重，真不是所有人都能享有的。担当需要行动，而不是语言。风雨欲来时，需要担当；苦难来临时，需要担当；天降大任时，需要担当。如果担当了一场风雨，就会迎来一片彩霞；如果担当了一次苦难，就会练就一份忍耐；如果担当了一份重任，就会增长一份才干。张黎明就是从师傅身上获取了这可贵的“担当”精神，并将其发扬光大。

在张黎明的印象里，那会儿，塘沽的水塘特别多，加上电网老化，所以故障也多。一遇到恶劣的天气，他们就忙得不亦乐乎，很多局领导在关键时刻，都会在第一时间赶到现场参加抢修，他们和员工一道搬梯子，上一线。

“场面太让人感动了，想起来总有股精神在激励着我，总有个榜样在鼓舞着我。”张黎明说，“我在服务队里就常对年轻人讲，现在条件好多了，但我们敬业的老传统不能丢，奉献的精气神儿不能丢。”

“十年成金”，这句话的分量有多重，也许除了田副科长，只有他自己才知道。一个十九岁的小伙子，带着一股年轻人的冲劲儿，走进了这座培养电力英才的大熔炉，老师傅的言传身教，让他在懵懵懂懂之中，逐渐成熟起来了。没过多久，张黎明就开始向赵锡纯师傅学习抢修技术。赵师傅是个对工作认真，丁是丁，卯是卯的人。他告诫张黎明，干抢修，不光拼的是干劲，拼的也是技能，光傻干可不行，还要巧干。很多故障发生都是有规律的，只有不断地总结经验，增加积累，才不费冤枉劲儿，不走冤枉路。在赵师傅的引导下，他开始留心运行班每天记录的工作日志。时间一长，他逐渐发现抢修工作有许多有规律的现象，他开始整理这些资料，摸索抢修现场师傅们的绝活，业务进步得很快。张黎明是个实在人，他不知道自己是否能够十年成金，但他知道自己是个很努力的人。

很多年过去了，张黎明仍对那段往事记忆犹新。张黎明对我说，线路运行专业是个大家公认的出人才、出能人、出骨干的地方。这么多年来，从运行班陆陆续续地走出了许多优秀人才。有的人成了其他专业的骨干，有的人成了电力工程师，有的人成了企业领导者。

我在采访中了解到，这些从高压运行班走出去的人，有好几个是张黎明曾经的师傅，但更多的人则是张黎明的徒弟，是他手把手把他们培养起来的。看到徒弟们的成长，张黎明心里高兴，他从年轻人的身上看到电力战线后继有人，老科长的心血并没有白费。

08　一幅心绘的“活地图”

打开中国地图，在渤海湾的海河入海口，镶嵌着一颗瑰丽的明珠。它东临渤海，北枕燕山，西靠京城，历来是海上通往首都的咽喉要道，是拱卫京畿的要地和门户，因此又被称为“天津卫”。天津拥有“渤海明珠”的美誉，是中国北方最大的沿海开放城市，是环渤海经济圈的龙头。

从参加工作的那一天起，张黎明就将这张地图与他巡查的电力线路联到了一起，并标出了不同的坐标。随着天津滨海新区拉开国家战略的建设框架，一日千里地发展，成为当代中国继深圳、浦东之后的第三发展极，在滨海这块神奇的土地，太阳每一天都是新的，黎明每一天也都是新的。

从塘沽供电局高压运行班的巡线工，到滨海供电公司配电抢修班班长的这段时间，张黎明目睹了滨海新区的发展变化，他熟悉这片热土就像熟悉自己的影子一样。这么多年来，陪伴他的交通工具也从老式自行车，到电动自行车，再到抢修汽车。张黎明的巡线抢修里程若是连起来，就有八万公里之多。

那次，张黎明开车带我去抢修现场，在路上告诉我，刚来运行班，师傅就告诉他，做好电力故障抢修，先要做的就是熟悉线路。于是，他下了班就怀揣着笔记本，沿电力线路边走边记，以便熟悉周边环境。慢慢地，塘沽地区内八条220千伏、八条110千伏、三十二条35千伏、五十八条10千伏线路，都装在了他的脑子里。他结合长期抢修实践，亲手绘制抢修线路图一千五百多张，还练就一手事故诊断的绝活。他能根据停电范围、故障周围环境、天气情况、线路设备健康状况以及线路保护动作等情况，迅速判断出事故的基本性质和位置，甚至能准确判断出故障成因和故障点，为高效完成抢修任务赢得宝贵时间。大家都亲切地称他为抢修“活地图”！

我问他：“你的这个‘绝活’是怎么来的?”他笑了笑，说：“刚来塘沽供电局，我喜欢随手抓起一张废纸，利用在技校学过的知识，用铅笔画一些草图，开始是无意识的，到后来养成了随时记录的习惯。我多年养成一个随手记的习惯，遇到什么问题，出现什么情况，我都要记录下来，很多发明专利的灵感就是从这烂笔头来的。到如今，我又开始用电脑记录了。这些零碎的文字，说不定什么时候搞技术革新，就派上了用场。”

张黎明有句尽人皆知的口头禅：“简单的事情重复做，重复的事情用心做。”我细细品味了一下，这话还挺有嚼头呢，想必张黎明就是凭着这样一股执著劲，才会取得如此的成功吧。最近这次采访一直陪我的陈丽羽对我说：“张师傅是抢修的‘活地图’，这话可不是一个人说的。在抢修现场，如果遇到了疑点和难点，人们第一时间准会想到给张黎明打电话咨询。时间一久，请教张黎明就成了不成文的规定。”

“做好故障抢修，技术精、地理熟是必需的!”张黎明是这样说的，也是这样做的。工友回忆说，当年抢修间隙时间，人们常看到张黎明手里拿着笔记本，沿着电力线路来回走，还时不时地掏出小本，记录所辖线路的沿途地理位置及周边环境。他脚下的许多巡线路，也从最初的草路，变成了土路，又变了柏油路……

他不会放过每次细微的改变，总是及时把一条条线路图精确地绘制下来，并弄清所有配电线路所带的用户及用电性质。慢慢地，他对单位所辖线路的全部参数指标、安全状况、沿线环境及用户特点都了然于胸了。张黎明就是这样，用脚步丈量滨海新区的大大小小的供电线路，用心总结出无所不包的故障抢修快速诊断诀窍。

我想，这何尝不是张黎明的一种担当呢？担当，是一种面对现实的勇气，若坐看云起云落，花开花谢，然后在一边做评判者，这不是担当，而是一种为人的狡猾。张黎明恰恰相反，他虽有“活地图”这个“绝活”，但却从不会以此为资本来指手画脚，从来都是身先士卒，奋战在抢修第一线。张黎明说过：“把岗位的活儿干好了、干出彩，就是讲诚信、尽本分，这就是我心中所理解的履职尽责”。

无论什么时间，无论哪儿的线路出了故障，他在及时组织人员抢修的同时，自己也会抢先到达现场，细心做好抢修现场勘察和预案工作。同事们说：“有张师傅在，再大的问题、再难的故障都能很快查出病因。他是配抢专业名副其实的主心骨，是大家心目中响当当的‘活地图’！”

09 一个授业的“实诚人”

在张黎明心目中，担当是一种人生的睿智，为了理想而担当，为了追求而担当，为了未来而担当。只有担当，人生才有乐趣，生活才会精彩。本着这样一个信念，张黎明拥有了人生的那一片沃土，行走在山川之间，将光明送到千家万户。2015年，张黎明以其卓越的业绩和奉献精神，荣获了全国劳动模范称号，并享受了国务院政府特殊津贴。

对此，张黎明并没有停下前进的脚步。他考虑得更多的不是荣誉，而是如何让更多的同事与他共同进步。他笃信“一个人浑身是铁，也打不了几根钉”的格言，恨不得把全身的知识和技能都能传承到年轻人身上。为此，他在抢修班不放过任何一个授业解惑的机会。在班组会上，他时常以自己为例，讲述刚入行的日子里，是如何跟着师傅干运行、学抢修的。他从日积月累积攒的抢修经验梳理出近万个故障实例，通过总结分析，用录音、视频等多种方式向身边的员工传授。他还将其中常用的十一个抢修小经验、八大抢修技巧、九个经典案例印成《黎明抢修百宝书》，遇到故障，大家可以像“查字典”一样按图索骥，效率成倍提升。

在张黎明工作室，我拿到一本《黎明抢修百宝书》，翻了下内容，简直就是滨海供电公司抢修服务的小百科全书，从志愿服务的档案，到每一个示范点、联系点；从10千伏架空线路常见故障原因及查找方法，到常见故障处理作业流程图都标记得一清二楚。

“跟着黎明师傅觉得挺幸运的。”徒弟张雨蔚深有感触地说，他带徒弟从来都是毫无保留地传授技巧，用她的话说是“掰开了揉碎了”讲，生怕徒弟们听不懂。

黎明共产党员服务队的张耀心说起张黎明，也有一番深切的感受。她的幸运就在于一参加工作就遇到两个劳模，从他们的身上，她看到了人生的精彩。她告诉我，她的第一任领导是变电工区主任孙云东，也是她接触的第一个天津市劳模。“我们都喜欢叫他孙头儿。我感觉孙头儿和张队长有着共同的特点，都是‘以工作为乐趣的人’。”张耀心说，“十个月后，我离开了变电工区，来到了黎明服务队，拜张黎明为师，这是我人生里程的又一个起点。”

“你工作没两年，就跟了两个劳模师傅，感触一定很深的，”我很好奇地问张耀心，“你觉得他们两个人的共同点在哪儿？”

“敬业，是那种干一行爱一行的敬业精神。我从他们身上感受到了什么叫作劳模，知道了他们最耀眼的闪光点在哪儿。”张耀心说，“在我眼里，他们像是个永动机，什么时候见到他们，都在工作。说实话，自从跟了两位师傅，我的敬业精神也强了许多，尤其是在管理创新和技术创新的关键节点上，忙上大半夜也是常有的事儿，谁让我的身边都是劳模呢！”

我问：“这种节奏，你没有感到不适应吗？”

张耀心说：“最初，这种不适应当然有，久而久之，也习惯了。不过，师傅们对我这个女孩子还是很关照的，时间一长，就催着我回去休息了。”

我不禁在想，我们的劳模太可爱了，他们的力量从何而来？只能来自一种责任担当。他们是将公司的发展，公司的前途与自身的发展，自身的前途“捆绑”在了一起，这就是凝聚力量的钥匙。

对此，张黎明也有自己的想法。他对我说过：“如今的蓝领工人与许多年前的蓝领工人最大的不同就是他们更有知识，更有头脑，尤其是电力企业员工，很多都来自名牌大学，有的甚至读到了硕士。与他们共事，我们的责任就是引导他们传承老一代工人阶级的光荣传统，培养他们的进取精神，要发挥他们的聪明才智，把实践积累的经验和技术毫无保留地传授给他们，让‘点亮万家’的滨海供电精神薪火相传。”

“薪火相传”这四个字深深感染了我。我在写这部书的时候，眼前浮现出的是张黎明从事电力工作三十一年来的人生轨迹。天津电力技校毕业后，张黎明走进电力行业，就是学着父亲的样子，踩着前辈师傅的脚印向前走。他有空就看线路、改图纸，不辞辛苦、坚持不懈地学习充电。虚心讨教，积累经验；钻研技术，水滴石穿。在同事眼中，从1987年参加工作那天起，张黎明不仅是一个勤于学技术、精于干专业的蓝领工人，还是一个办事认真负责的“实诚人”和值得信任的“老实人”。

许多年过去了，张黎明由热心授业解惑的“实诚人”成了国家电网闻名的“蓝领工匠”。他的徒弟们也沿着他的脚步，成了各专业的领军人才。但徒弟们多多少少都有一个相似的特点，那就是对国家，对人民的那份担当。担当，这是一种超凡脱俗的气魄，而非简简单单的负重，一个人可以举起百斤杠铃，却不一定能举起手里一份责任。他，张黎明做到了！

10 一部全天候的手机

十年，对一个企业的成长也许很短，但对一个人的成长却很长。到了1998年，张黎明担任了塘沽供电局运检部生技组组长，已经成了独当一面的“蓝领专家”了。十年间，张黎明和他的同事们经历了大大小小无数次抢修，每一次他都不辱使命，出色地完成了自己的工作。有次采访，我问起他，何以如此？他笑了笑说："不凭别的，就凭我在抢修一线这么多年的实践经历，就应做到这一点。这其实没什么，职责所在而已。"

我说："也不尽如此吧，在我看来，实践当然是很重要的因素，但更重要的是你酷爱这项工作，你热心这项工作，这也促使你能够刻苦钻研业务，有别人所不具备的知识储备，再加上你处理了数以万计的大大小小故障，有了厚实的实践积累，也具备高超的处理问题的能力和对事故判断的前瞻性。我想，积沙成塔，点石成金，这些都是常人所不具备的。"

张黎明笑了笑，说："刘老师过奖了。"

我刚想再说点什么，他身边的手机铃响了。

"对不起。"张黎明说着抄起手机，又是一次抢修任务。

在我熟悉的人当中，还真没有哪位的手机利用率高于他的，每一次采访都难免会被突如其来的电话所打断。望着那匆匆离去的背影，我似乎读懂了这个行影匆匆的张黎明。我曾在上一本书中写过这样的话："黎明读你，你让我领悟了两个字：责任。责任是一种使命。这种使命虽然看似平凡，却足以带来光明。"

有人对我说过，一座城，如同一个人。爱上它，就靠近它 ，和它在一起经历一些事情。五年，十年，五十年，或者更久，最后你要见证它的成长。这座城就是天津滨海新区，每天都沐浴在黎明的晨光下，太阳每一天都是新的。张黎明生活在滨海新区这片热土，又作为配电抢修班班长。这样的环境、职业和工作，需要不分昼夜，需要随时待命，特别是风雨雪雾等恶劣天气，张黎明极少不在岗位上。三十一年间，即使在除夕之夜、儿子高考、父亲病重……翻开抢修工作单，大多数的抢修工单都签有"张黎明"三个大字。

"我极少关过手机，有时夜里听到下雨，就起来穿戴好，把手机握在手里，或者干脆到班里看看，为的就是能第一时间赶到抢修现场。"张黎明如是说。

"黎明平时若在家，即便半夜，只要电话铃一响，他就像条件反射一样，腾的一下从床上跳起来，一听是抢修电话，穿上衣服就往外跑。”爱人李海春如是说。

除了“机”不离身，张黎明在任何重大节日中也从未离开自己的岗位，连续十余年的除夕他都主动留在抢修值班室里。为点亮万家灯火，他无数次放弃了与家人团聚；为确保安全高效完成抢修任务，他更是倾注了全部心力。在自贸区工程建设的现场，在故障抢修的深夜，在大雨滂沱的居民小区……到处都有他忙碌的身影。

2014年，我国首次在高地震区修建沉管隧道的海河隧道工程，这是备受业界瞩目的大项目。海河隧道工程进入到最繁忙的10月份，昼夜间马达轰鸣，灯火通明。一个午夜，建设工地突然停电了，瞬间喧闹的工地沉寂下来，让工程负责人急得团团转。他忽地想起给张黎明拨求助电话。与此同时，张黎明也接到公司调度人员的电话通知，要求他迅速展开全线故障排查。从床上接到任务的张黎明，一边穿衣服，一边用手机联系值班人员，并迅速赶往现场开展抢修。经排查，发现是施工方在施工时，误将地下电缆线挖断，张黎明果断指挥，仅用了两个小时就将电缆线重新修好，及时恢复了供电。抢修结束后，不知疲倦的张黎明还主动给参建的施工队伍培训，以防止此类事故再次发生。

张黎明有个形象的比喻：“手机就像我的一个器官，时时刻刻‘长’在身上。”为此，他多年养成了一个习惯，手机二十四小时守候在身边，全天候保持开机状态，同时，还要确保手机不断电、不欠费。张黎明说，可也有那么一次，手机不知怎的，无论如何找不到了，这可把他急坏了，当手机“失而复得”后，他发现竟有数十个未接来电。从那以后，他就更加小心，手机与他形影不离，成了他的习惯。

我想，这也是张黎明的一份担当吧。让手机守候在身边，也就是让担当守候在身边，就仿佛是黎明伴随着宁静的大海，期待着喷薄欲出的那轮旭日。每天那个时刻，它都要守候在大海边，或许只是为了捧出那万缕霞光。大海，黎明读你，你懂了吗？也许只有海风知道。黎明代表着光明，代表着希望，代表着未来……

第三章　黎明的坚守

11　甘为一朵时代的浪花

几年前的一个黎明，我和朋友乘车穿过滨海新区跨越海河入海口的天津海河大桥，从车窗向外眺望，眼前是一片在晨曦映照下碧蓝的海湾，两侧簇拥着呈几何形状的规整码头、突堤和港池，彼此相连的岸线一路伸延着，看不到边际。面向大海，我的心也是一片辽阔。海河汇集了一条条大大小小的河流，奔向大海的怀抱，就像这座斜拉桥上的千百条钢索，挽起臂膀，凝聚成一种走向澎湃的力量。

我猛然发现：浪花坚守大海，就是一种渺小中的博大。浩瀚的大海，不缺少一朵浪花，但正是浪花的坚守，才汇聚成惊涛骇浪，万丈狂澜。张黎明不就是这惊涛骇浪中一朵耀眼的浪花吗？

张黎明很喜欢说的一句话是“你若要喜爱自己的价值，你就给世界创造价值”。在滨海新区，这个拥有153公里海岸线，2270平方公里方圆，相当于浦东新区近两倍的热土上，“服务大项目，我骄傲”，成了滨海电力人的响亮口号，也成了张黎明脚下的行动。

2014年10月12日，在滨海新区联合石化码头，人头攒动，调试的船舶连接岸电电源到了最后的关口，现场工程技术人员紧张地忙碌着，既紧张，又兴奋。

“岸基供电”作为推动节能减排、雾霾治理的重点项目，自7月1日国网天津滨海供电公司与国家海事局签署推动船舶岸基供电合作协议以来，一直受到社会各界高度重视。根据这项协议，海河海事局管辖的二十八个码头将全面启动船舶岸基供电项目。在滨海公司的主动推进和双方的密切配合下，项目进展一直很顺利。

10月12日上午9点25分，船舶岸电电源连接完毕，所有人的目光都集中到了工程项目负责人李经理的脸上。他擦了擦脸上的汗，如释重负地对操作员说："好了，进行调试，小王，接通供电箱电源！"

"明白。"小王按照操作步骤，迅速连接上供电箱电源线，随手合上开关……

"哎？指示灯不亮，怎么充不上电呢？"小王一连试了四五次，还是充不上。

现场的气氛顿时紧张起来，李经理也急得直搓手。他心里清楚，今天的电源调试非常关键，关系到项目能不能按照正常进度完成，码头能不能达到设计要求。为此，他们前期做了大量协调工作，这几个月来码头和国网滨海供电的兄弟姐妹们起早贪黑地忙活，可都为了今天能顺利完成调试啊！

"不行，无论如何今天也要把电源接通！"李经理也亲自试了多次，还是合不上。其他人也都围了上来，七嘴八舌，寻找问题出在了哪个环节，查来查去，还是没能找到问题的症结。时间在一分一秒地流逝，大伙那悬着的心也都提到了嗓子眼上。

"还是请张队长来吧，他保准有办法。"小王给李经理提了建议。

"我看行。"有人附和说，"张黎明的办法多。"

李经理迟疑了一下，原本不想再麻烦张黎明了。过去几个月，黎明可没少往码头跑，但凡用电上出了问题，一个电话打过去，他马上就过来，帮了不少忙。就说岸电这个项目吧，他真不比现场施工人员少操心。今天又恰好是公休日，再麻烦黎明，他都有点不好意思了。

李经理纠结了一会儿，见还是找不到事故的原因，只能再请高手出马了。他在忐忑不安中拨通了张黎明的电话："张队长，不好意思，大礼拜天的还得麻烦您，岸电电源不知为啥，怎么也接不上了，现在任务紧，您受累过来帮我们看看吧。"

"李经理，您这是哪的话，别着急，我收拾一下马上过去"，张黎明撂下电话，匆匆换上工装，一边开车从家往单位赶，一边用手机联络他的队员们分头赶过去。虽说，这个星期天他又过不上了，但这样的情况他早习以为常了。

三十分钟后，张黎明和他的队员们先后驾车赶到现场，李经理像看到救星似的，跑了过去，双手紧紧握住了张黎明的手，焦急地说："张队长，我们试了好多次，就是接不上电源……"

现场也呼啦一下围上了一群人，把张黎明围在了中央。

"我们一定全力帮助解决问题，大家放心好了！"张黎明大声说。

张黎明事后回忆说："当时有几十人都站在现场等着我们，大家都用期盼的眼神看着我，旁边还有几个人情绪很激动，急着问我什么时候能修好。我心里清楚，必须先稳定住大家的情绪。"

张黎明了解了一下情况，检查了现场安全作业的措施，然后快速打开2号岸电供电箱，在密密麻麻的线路中，检查着可能出问题的方位。他熟练地操作着手中的工具，与队员们娴熟配合，缜密地排查故障。十五分钟后，张黎明基本确定故障原因，他发现有一段电源线接线有问题，电源开关匹配不正确……又过了十分钟，电源开关、电源线更换完毕。

李经理在旁边目不转睛地看着这一切。事后他说："不知道为什么，张队长一来，我这心就踏实了，因为每次张队长来，再大的问题都准能解决！"

当天上午10时30分，李经理亲手合上了2号岸电供电箱的开关，电源指示灯刷的一下亮了，港口船舶充电一切正常。

现场一片沸腾，人们拉着张黎明的手，欢呼着，张黎明脸上也露出了欣慰的笑容。

李经理事后如释重负地说，当天的调试时间虽比预计晚了半个小时，但没有耽搁码头岸电项目的正常进度。对于张黎明，他说："说再多感激的话都无法表达我们的心情了，张黎明不光是技术顶尖，他的那种精神也是非常可贵的。"

面对现场的热烈气氛和众人的赞誉之辞，张黎明连连摆手，说："我们都是一个战壕里的战友，为滨海新区做贡献是我们的本分，为岸基供电这样的绿色环保重点大项目出力，我骄傲！"

张黎明最后模仿喜剧小品孙涛冷不丁地说出来的那句话，把在场的人一下子都逗乐了，大伙身上的疲劳也顿时烟消云散了。张黎明就是这样一个会苦中作乐，又不乏风趣的蓝领工匠。在滨海新区汹涌澎湃的发展浪潮里，他就像是一朵晶莹的雪浪花，冲在了时代的最前面。

12 在抢修岗位闪光的金子

那还是2010年8月的一天，我乘京津城际列车去滨海的路上，遭遇到了一场风雨，豆大的雨点砸在车窗上，虽听不到窗外的声响，但也能感受得到冲击的力量。但见窗外灰蒙蒙的一片，什么也看不太清，只有几座高压线铁塔转瞬即过，在空旷的原野上给我留下了深刻的印象。也就在那次采访中，我接触到很多滨海电力人抢修线路的生动素材，或是在暴雨中，或是在风雪里，或是在年夜里……只要哪里有险情，哪里就有电力抢修的“集结号”。

电力抢修，在许多人眼里不过是一份工作，但在张黎明和他的同事眼里

雨中抢修

却是一份坚守，一份责任。三十一年，配电抢修岗位上的坚守，两万多次抢修“零事故”纪录，都在诠释着一位共产党人的坚强信念：“黎明出发　点亮万家”。

三年前，我在滨海创作《黎明　我们出发》一书时，就遇到过这样一件事。那天周六，也是2015年全国研究生统考的第一天，到了中午11时45分，张黎明接到了滨海公司主管生产副总经理的一个电话，说，塘沽一中考场刚考完一门课就停电了。张黎明一边通知抢修人员紧急出动，一边直接赶往现场。他在开车的路上得知是塘连2号线路出了问题，便马上通知现场人员先将一中的用电负荷倒到别的线路上，以解决燃眉之急，然后交由抢修人员紧急处理。

这个事故刚刚得到处理，额头上的汗还没来得及擦一下，张黎明又接到了副总工程师的另一个电话，说公司附近的华膳酒楼老板急红眼了，楼上楼下地跑着求救。原来，他家酒楼当天承办一个婚礼。这结婚典礼刚结束，主持人还没来得及宣布酒宴开席，所有的照明灯光却霍的一下全灭了，现场一片惊叫。由于宴会大厅是全封闭的，没有一扇窗户，顿时厅里一片漆黑，客人也乱作一团。

抢修人员前脚刚给一中考场送上电，后脚就紧急赶往华膳酒楼。经排查，他们发现事故不属于主线路问题，而是酒楼自身线路出了故障。为了让婚宴顺利进行，亲临现场的张黎明当机立断，先利用“环网供电”的方式，甩开电缆的损坏端，及时送电，让宴席厅又大放光明，保证了酒宴的顺利进行。

与此同时，抢修人员分头查找故障点，几经检测电缆，打耐压，才发现是由于酒楼忽略日常维护，造成电缆老化并损坏。后经进一步检测，抢修人员又发现酒楼的用电线路，有一半是正常的220伏电压，有一半却是在140~170伏之间波动。张黎明根据丰富的实践经验，马上判断出这是高压的故障所造成的。果然，检测发现是一根三芯电缆缺相，并从中发现了放电的痕迹。这个抢修活一直干到下午3点钟，终于将问题全部解决了。他们忙着抢修，连口水都顾不上喝，看到参加婚礼的嘉宾乘兴而来，乘兴而去，他们比吃了喜糖还高兴。

张黎明说："我是一个共产党员，不忘初心，牢记使命，全心全意地为人民服务，是我们必须坚守的职责，看到老百姓能够享受到用电的舒适和方便，我们苦一点，累一点又算得了什么？我们抢修队员尽管又牺牲了一个周末休息时间，但看到客户脸上露出的感激的笑容，我心里也甜滋滋的。"

如果说有一种精神，无论古今，什么时代都需要，那就是奉献；如果说有一种精神，无论中外，最能感动所有的人，那就是奉献；如果说有一种精神，今天特别闪耀出夺目的光彩，那就是奉献；如果说有一种精神，最能鼓舞人民全面建设小康社会，那就是奉献。

这就是让我感动的地方。很多时候，很多人关注的都是影星、歌星，以至明星的衣食住行。哪位富豪吃了一顿饭，换了件什么衣服，都会成为娱记追踪的对象。这是何等的无聊！其实，支撑我们这个世界的脊梁是那些创造财富和光明的普通劳动者。张黎明和他的同事比影星、歌星、明星更值得书写。可以试想，离开了光明，离开了电能，这个世界会是个什么样子？人们就会清楚：他们尽管平凡而普通，却有着一颗金子般的心；他们有真诚的情感，有时会失落却永远不会沉沦；他们在生活的每一刻都充满了创造性，都在点亮我们这个美好的世界。

13　默默坚守在管理岗位上

还记得当年塘沽供电局田震华副科长对张黎明说过的那句话："我给你十年时间，你要十年成金"。十年后，这话果然应验了。张黎明不负众望，真的成了一块金子。1998年，凭借过硬的工作技能和良好的工作作风，张黎明被任命为线路专责工程师。对于这个突如其来的任命，他先是一愣，说："我还是喜欢在抢修一线干。"领导笑了，说："小张啊，线路专责，这不是一线又是什么？原本你只是要做好自己的具体工作，现在却要负责抢修工作的现场组织和调度，只能说明你的担子更重了！"

张黎明憨厚地笑了笑，说："成，只要不离开抢修一线，干什么都行！"张黎明是这样说的，也是这样做的。在随后的日子里，张黎明几乎长在了抢修一线，无论三更半夜，只要接到报修通知，他都最先赶到现场调度指挥。1999年，家用空调迅速走进天津的千家万户，但是当时的电力设施却相对滞后，用电紧张成了全市的普遍问题。在天气最热的"桑拿天"里，张黎明带着一百多名电力抢修人员，攥着厚厚的报修单，奔走在塘沽区的大街小巷，每天的故障抢修工作多达三四百件。这样连续干了一个星期，每个人都是疲惫不堪，但能为居民排忧解难，他的心里却很充实满足。

张黎明回忆当时的情景时说："在实验小学那儿，居民都在外面等着。一般的时候，供电是不平衡的，所以我们就在现场测，哪个门洞用电少，哪个门洞用电多，把用电多的门洞下户线倒到用电少的变压器相上，然后调分头，当时修了不到一个小时，就修好了。居民都在现场看我们，见我们的衣服都湿透了，都伸出大拇指，感动地说：'棒！你们电力真好！'当时累是累，但得到了居民的认可，我还是很开心。"

张黎明虽然由于工作需要，转为了管理岗，但依然没离开抢修一线，但凡出现急难险情，总会出现张黎明的身影。2001年3月，为了服务天津工业东移战略，促进滨海新区的开发建设，张黎明所在的塘沽供电局与汉沽、大港供电局整建制地合并为滨海供电公司，他的才华又有了更大的施展之地，他的劲鼓得更足了。

转眼间，日历翻到了2005年，张黎明在线路专责工程师岗位上又干到第八个年头了。这一年的盛夏八月的头两天，张黎明接到空调不启动，电压低等报修电话三十多件，特别是东西沽地区因有整体规划，未能开展城网改造工作，原有变压器已经使用二十多年，存在线路老化，供电半径过长等严重问题，连用户家里的电扇都不能启动。他带领抢修班的同事急用户之所急，连续两天两夜奋战在一线，共为东西沽地区新装变压器一台、变压器增容两台、新立电杆十三基、新放导线三千三百米，解决了上千户居民的用电难题。

有人不解地对张黎明说，你是管理岗，完全可以坐在办公室里调度指挥，犯不上天天往抢修现场跑呀。张黎明笑笑说："我就是坐不住板凳，不管是先前的工人岗，还是现在的管理岗，只要听到有抢修任务，我不去现场心里就猴急，看来是改不了了。"

也是这一年的盛夏，抢修班正在一处抢修，接到信阳里住户反映变压器冒火了。由于怕延误时间，他们忙向张黎明打电话汇报。张黎明此时刚从五车地配合公安查窃蹲堵现场回到家中，接到电话，他顾不上换掉被汗水浸湿的工作服，马上乘出租车返回公司，集合了急修备班人员，匆忙赶到信阳里小区。此时距群众报修仅过十分钟。他们现场发现群众反映的冒火实际为保险熔断，便迅速处理了故障，恢复了送电，听到周围居民空调声渐起，他们才悄悄地撤了回去。

就这样，张黎明在线路专责工程师岗位上又干了将近十年，在采访中谈起这段经历，张黎明说，这可以说是他最为紧张的一段时光。他每天从早到晚都是在忙碌中，既劳心，又劳力，但却从来都不张扬，以至于后来记者采访都将目光投向他做抢修工人和做黎明共产党员服务队队长的那些经历，做管理岗的往事却很少有人提及了，成了默默坚守的时光。

近十年来，我一直在对张黎明进行跟踪采访，从我对张黎明的理解，他无论在做什么工作，无论是当工人，还是当干部，都是一个样子。张黎明就是这样一个表里如一的人，是诗人臧克家笔下“不待扬鞭自奋蹄”的那种“老黄牛”精神的楷模。他就像一片白云在坚守蓝天，这是一种平淡中的广袤，广袤中的平淡。高远的蓝天，或许不缺少一片白云，但恰是白云的坚守，才让蓝天多了几分飘逸，多了几分深邃。

张黎明在天津自贸区服务现场

14 黎明中绽放了一朵春花

张黎明的工作履历和他这个人一样，特简单，从参加工作那天起，无论是工人岗，还是管理岗，他就从没离开塘沽这一亩三分地，从没离开电力抢修一线。这么多年来，他早已习惯了那种早出晚归，在抢修现场摸爬滚打的生活，用他的话来讲，他很享受这种生活的节奏。

时间到了2007年，滨海新区的改革开放掀起了前所未有的热潮。这一年，滨海新区投资二百六十亿元，兴建六十二项基础设施和环境建设项目，临港工业区、响螺湾商务区、大飞机、大火箭、中新天津生态城、东疆保税港区等大项目都落户滨海新区。一时间，在2270平方公里的热土上，到处可见塔吊耸立，随处可闻马达轰鸣。经济的大发展，使得电力这个“先行官”提前升帐，国网天津滨海供电公司也面临着挑战与机遇并存的现实。

在张黎明的眼里，滨海新区有多大，这个舞台就有多大。在他看来，在很多时候，奉献是一种追求，可以使人思想升华，内心愉悦。此时张黎明的心中，奉献已超越了物质，超越了自我，最终体现为一种崇高的境界。这种境界融入了滨海新区发展建设的情境里，会像一颗在渤海湾上熠熠闪耀的明珠，变得更加光彩夺目；这种境界融入滨海供电公司服务创新的情境里，会像一缕徐徐的人间春风，吹开美好心灵的花朵。

这一年，随着滨海新区纳入国家总体发展战略布局，为了满足广大客户对电力企业服务水平不断提高的要求和期望，国网天津滨海供电公司践行国家电网和国网天津电力的服务理念，决定打造出一个既能彰显公司形象，又能体现“你用电，我用心”企业精品服务品牌。于是，塘沽分公司配电抢修班这个曾连续荣获国网天津滨海供电公司和国网天津电力先进集体和标兵集体的班组就被锁定为创建对象。连续三年被天津市公司评为先进个人的塘沽分公司供电管理所专责工程师张黎明就成了这个创建标杆团队的首选人物。

不久，国网天津滨海供电公司组建了这支以共产党员为主体，以张黎明名字命名的“黎明共产党员服务队”。服务队以“优中选优，强中选强”为用人原则，由二十二名巡视抢修经验丰富的员工组成。主要负责塘沽地区二十六万户城乡居民和工商企业的供电故障紧急处理工作。为此，公司为黎明服务队选调和配备了精兵良将，提供了先进设备，甚至连办公的场地都想到了。

如今，“黎明共产党员服务队”，在张黎明的引领下，已经走过了十一个年头。这支队伍组建至今，始终坚持“把客户满意作为最高标准”，始终坚守“黎明出发　点亮万家”的服务承诺，积极将电力抢修、志愿服务工作相融合，以实际行动架起党联系群众的“连心桥”，成了国家电网志愿服务的一面旗帜。先后获得国家电网“金牌共产党员服务队”“十佳共产党员服务队”、中央企业先进集体、天津市“优秀志愿服务团队”、全国学雷锋活动示范点等殊荣。这是一条辉煌之路，光荣之路。回首往事，人们不禁要问，这条路的起点在哪儿？创建的初衷又在哪儿？为此，我曾就黎明共产党员服务队的创建和发展与檀庆宪有过一番深入的探讨。

想起之前，我来滨海采访中新天津生态城，檀庆宪就鼓励我抽空写一写张黎明。他说：“张黎明和黎明共产党员服务队是国网天津滨海供电公司的骄傲，也是国网天津滨海供电公司的品牌。我们树立一个典型，打造一个品牌不容易，因而不光要宣传他，还要爱护他。这对滨海公司凝聚人心，树立国家电网良好形象，都是非常重要的。”

黎明共产党员服务队是他看着成长起来的，对之感情深也理所当然。当天下午，我和檀庆宪有过一席长谈，话题自然离不开张黎明的名字。他告诉我，黎明共产党员服务队自成立以来，黎明一门心思都扑在了服务队上。他付出很多心血，做了大量工作，也赢得了滨海市民的交口称赞。黎明共产党员服务队就像一朵黎明中绽放的春花，在滨海新区盛开怒放，大放异彩。

我为了写这部书，翻看了塘沽分公司当时给滨海公司提供的关于组建滨海黎明共产党员服务队的报告，报告中明确提出：以服务为核心，服务滨海新区发展，服务滨海人民群众；以管理为本，提升班组专业管理的规范化和标准化；以创新为动力，鼓励结合本职工作的小发明和革新，争创天津公司第一流的优秀班组。

采访期间，我还查阅了黎明共产党员服务队成立以来的《大事记》。我发现，从建队的第一天起，黎明共产党员服务队就在以一流的精神，一流的水准践行着他们的光荣使命与责任。他们的精神是：努力超越，追求卓越；他们的理念是：科学发展，和谐服务；他们的宗旨是：服务是根本，承诺是标准，分内是职责，分外是义务；他们的目标是：诚心点亮滨海新区；他们的内涵是：真诚奉献，努力超越，倾情服务，追求和谐。他们的格言是：我为客户送光明。我从张黎明和他的服务队的闪光足迹中，看到了滨海电力人的境界，也看到了国网天津滨海供电公司的未来。

写到这里，我不禁想，张黎明和黎明共产党员服务队的“奉献”精神之所以深深打动了我，就是因为在他们内心深处的那种“牺牲”精神。此前，在推荐张黎明做服务队队长的问题上，檀庆宪还是有所犹豫的，因为，张黎明去了服务队，就意味着由管理岗变为了工人岗，工资收入也会相应降低。这对在专责工程师岗位上勤勤恳恳干了十年的张黎明公平吗？他陷入了沉思。

15　黎明服务队的创建背景

一位哲人说过：“目标和起点之间隔着坎坷和荆棘，理想与现实的矛盾只能用奋斗去统一；困难会使弱者望而却步，却使强者更加斗志昂然；远大目标不会像黄莺一样歌唱着向我们飞来，却要我们像雄鹰一样勇猛地向它飞去。只有不懈地奋斗，才可以飞到光辉的顶峰。”这番话让我不禁想起了张黎明引领的黎明共产党员服务队。这个响亮的名字犹如一朵在黎明中绽放的花朵，犹如一片在渤海之滨升起的云霞。自它成立那天起，就有明确的目标和方向，也有美好的理想与憧憬。

我与檀庆宪的交谈是从黎明共产党员服务队诞生的背景开始的。我很想知道为什么选择了张黎明？张黎明是如何看待由管理岗变为工人岗的？

“好，那我就先说说黎明共产党员服务队成立的背景吧。”檀庆宪开门见山地说，“我是2006年9月来到新组建的塘沽供电分公司担任副经理兼党支部书记的。之前，我在国网天津滨海供电公司下属的滨电公司当书记。塘沽分公司虽说新组建，但是滨海新区的核心区，地位很重要，公司领导也对我们这届新班子寄予厚望。就任伊始，我和徐彤经理都憋着一股劲儿，想认认真真干一点事儿。我们俩就党务工作交换了意见，根据形势的需要，提出了组建共产党员服务队的设想。”

“庆宪兄，这个想法是怎么来的呢？”我关切地问，“当时在国家电网是否已经存在了这种服务队的模式？”

“这个想法当然不是我们凭空想出来的。”檀庆宪说，“当时，国家电网系统在全国闻名的服务队有两个，一个是黑龙江哈尔滨电业局李庆长和他引领的‘李庆长共产党员服务队’，一个是陕西宝鸡供电局赵二宝和他引领的‘二保紧修服务队’。李庆长服务队的特色是：身体力行，默默奉献，一心一意为群众办实事；赵二宝服务队的特色是：打造‘一保客户满意、二保政府放心’的服务品牌。”

檀庆宪当时就在想，李庆长和赵二宝都是在改革开放新时期，国家电网电力工人的先进典型，他们都是以共产党员的信念和责任，以对客户高度负责的精神，出色地做好本职工作，做了百姓的贴心人，赢得了人民群众的支持和信赖。

“榜样的力量是无穷的，我们滨海公司是不是也应当培养像李庆长和赵二宝这样的英模典型呢？”檀庆宪说。

“对，我们也应当组建一支共产党员服务队。”徐彤兴奋地说，“老檀，你先起草个方案，我们向公司领导汇报，争取早一点把服务队的架子搭起来！”

他们的方案很快得到了公司主要领导的认可，时任公司总经理段志刚和时任党委书记阎领弟都对这一想法加以充分肯定，阎书记还亲自带队赴成都共产党员服务队参观学习。段志刚认为滨海公司应当有自己的服务品牌，并以此带动公司服务水平和服务质量的整体提高。于是，筹建滨海共产党员电力服务队也在有条不紊地落实中。檀庆宪深知开弓没有回头箭，既然领导如此信任，他也只有义无反顾地做好自己的工作了。

几天后，一支由时任滨海公司总经理助理及明带领，由塘沽、大港、汉沽三个分公司领导以及营销部的七位同志组成的队伍，赴陕西宝鸡供电局考察学习“二保紧修服务队”的先进经验。

紧张的学习参观让檀庆宪大开眼界，他耳闻目睹了“二保”服务品牌的延伸和拓展给企业和员工带来的巨大变化。回来的路上，檀庆宪一直在思索如何把宝鸡经验学到手，组建一支过得硬的滨海共产党员服务队。

宝鸡，古称陈仓，位于秦川之上流，襟带千渭，依秦岭而阻陇坂，群山聚合于西，平原敞开于东，是华夏始祖炎帝的故里，姜炎和周秦文化的发祥地，也是驰名中外的“佛骨圣地”“青铜器之乡”和“民间工艺美术之乡”，可谓人杰地灵之地。檀庆宪告诉我，他来到宝鸡，沿途只要一提起“二保”，当地的百姓都有口皆碑。“要修电，找二保，二保来了没嘛嗒!（当地方言：没问题）”，活脱脱地勾勒出了宝鸡供电局服务万家的敬业精神。在国家电网业内，当时一提起“二保”，都知道是陕西宝鸡供电局赵二宝“一保客户满意、二保政府放心”的服务品牌。

列车穿行在八百里秦川，放眼望去，但见铁塔依山而架，银线穿野而过，一切都是那么亲切。檀庆宪透过挖掘“二保”理念的丰富内涵，也逐渐清晰了滨海组建共产党员服务队的思路。他意识到，贴心服务是一个供电企业的价值追求，一个品牌是企业品质的象征、文化的积淀，是塘沽分公司参与市场竞争立于不败之地的重要保证。“二保”服务源于全国劳模赵二宝和他所引领的“二保紧修服务队”，我们塘沽也要发现并挖掘像赵二宝那样的服务明星。

回到了滨海，一连几天，檀庆宪和徐彡都在围绕这个话题寻找答案。檀庆宪说：“‘二保服务队’确实是一支叫得响，过得硬的队伍，群众一个电话，就能做到即时出发，同时，他们服务于当地的经济建设，也在很大程度上，为政府分了忧，解了难。”

徐彤说："这个好，眼下我们滨海新区正掀起新一轮的大开发、大建设高潮。对电力的需求更高了，我们的抢修工作还存在明显的薄弱环节，老百姓还有意见。我们迫切需要转变工作作风，打造为民服务的快车道啊。"

"是的，与宝鸡供电局相比，我们滨海供电公司也有自己的优势。"檀庆宪说，"据我观察，宝鸡电力抢修的设备和人员配备我们都有。我们又占据了滨海新区的地域优势，只要我们选对了人，选准了目标，就一定能够打造出我们滨海公司的服务品牌来!"

他们越聊越兴奋，聊着聊着，都将话题聚焦到一个人，那就是张黎明。檀庆宪的心豁然亮起了一盏灯，兴奋地说："没错，张黎明就是我们滨海公司的李庆长和赵二宝。他们都有着共同的特点，都是生产一线的劳动者，都是共产党员，都是工人技师，都在群众中有威望，他们的思想境界和所做的一切都是那么相像。"

"不过，我有个问题，不知你怎么想的?"徐彤说，"黎明共产党员服务队是在抢修班的基础上建立的，可张黎明早就离开了抢修班，所做的工作是专工，是管理岗，而服务队队长其实也就等于原来的抢修班长，是工人岗。他能乐意吗?"

"咱俩都想到这个问题了。"檀庆宪说，"看来我们是碰到矛盾的焦点了，是该慎重考虑一下，关键是张黎明会不会产生什么想法。"

两个人说到这里，都沉默了。

第四章　黎明的脚步

16《时代楷模发布厅》所想

书稿写到这里，我的手机先后传来好几条微信，有国家电网客服中心副总李树泉，有国网天津滨海供电公司员工张耀心，有中央电视台记者韦燕燕，他们都不约而同地传递了一个信息，今晚中央电视台《时代楷模发布厅》即将播出：中宣部授予张黎明“时代楷模”称号的发布会。时间是2018年5月28日22时39分。我看了眼手提电脑下方的时间显示，还有不到20分钟。我便关掉电脑坐到电视机前，将台选在了CCTV1频道上，无心看飞逝的广告，耳边仿佛传来张黎明那匆匆的脚步，脑海里还在回想着那场没进行完的谈话。

在檀庆宪的脑海里，张黎明娴熟的技术和工作热情，让国网天津滨海供电公司从上到下都是一片赞扬声，那会儿只要是抢修一线难啃的硬骨头，总会出现张黎明闪动的身影。由于他的出色业绩，2002年，张黎明走上了管理岗，担任了供电工区线路专责工程师。滨海供电局八条220千伏、八条110千伏、三十二条35千伏、五十八条10千伏线路都装在了他的脑海里。当时这个岗位的工作量要远比现在专工大得多，细数起来包括了当今配电专工、安全员、输电专工、电缆专工所涵盖的工作面。无论哪儿的线路出了故障，值班调度都会第一时间通知张黎明，他会及时通知抢修班长组织人员前去抢修，与此同时，他也总是先期到达现场，参与重点难点抢修任务。

我翻开当年供电工区的抢修记录，仅仅三年间，三百多条故障抢修记录，都署着张黎明的名字。这么大的业务量，张黎明的付出就可见一斑了。这么多年来，无论是白天，还是黑夜，张黎明脑子里的那根工作弦都是紧绷着的。人常常是早出晚归，甚至是一连几天不回家。那会儿，儿子还很小，爱人下岗，患有严重的风湿病，要操持这个家，确实很辛苦，但面对紧张的抢修工作，他也只能舍小家，顾大家了。

“老檀，我看张黎明是最佳的人选。他在配电上的技术相当成熟，对抢修工作也有一股拼命三郎的劲儿，由他来统领服务队，就没有问题，我们也会放心的。”

“没错，徐经理，我还有一个想法。我们学习李庆长，学习赵二宝，不光要学习他们那种勇于创先，勇于挑重担，尽心竭力为百姓服务，我们还应当有技术方面的创新，有我们滨海公司的特色。”檀庆宪说，“张黎明还有一个特点，就是脑子活，点子多，我们创办的服务队，就缺像他这样的领头人。”

“好，我们就学习哈尔滨和宝鸡的做法，以张黎明的名字命名我们滨海共产党服务队。”徐彤说。

“这个名字太好了，黎明，可以给人无限的想象空间，叫起来也很响亮。”檀庆宪兴奋地说。

“那就上报公司党委，请示公司领导。”徐彤刚说到这，又犹豫了，“哎，是不是先跟黎明打个招呼？”

“这个问题我也考虑过。”檀庆宪说，“就我对张黎明的了解，他是把工作和责任看得大如山的一个人，我相信他的觉悟，他会同意的。”

檀庆宪虽然嘴上这么说，可心里也不托底。于是两人一致决定先向公司领导汇报这一想法，先不把这事告诉张黎明。

我正想到这里，会场设在天津的《时代楷模发布厅》开始对外发布了。中央电视台主持人、发布人刚强闪亮登场，在播放一部宣传张黎明的短片后，张黎明的老师傅和同事先后出场，一张张熟悉的脸庞，讲述着一个个熟悉的故事，尤其看到打出黎明共产党员服务队的旗帜后，我的眼睛禁不住红了起来，多少次的采访，多少次的感动，又随着电视屏幕，拉近到我的眼前，桩桩往事历历在目：十一年前的一个黎明，以你的名字命名的黎明共产党员服务队，诞生在渤海之滨：“黎明出发　点亮万家”化为你浸染黎明晨光的微笑，也成为你心系万家的行动。张黎明，我为你喝彩！

几天后，国网天津滨海供电公司党政班子集体研究，同意了塘沽分公司的意见，由张黎明担任共产党员服务队的队长，并兼任配电抢修班班长，责成分公司征求张黎明的意见。檀庆宪将张黎明请到办公室，把组织上的意图和他讲了。

2018年5月28日，中宣部授予张黎明同志“时代楷模”称号

后来，檀庆宪对我讲，他是做了两手准备的，如何做他的思想工作，檀庆宪足足想了一个晚上。谁知张黎明连二话都没说，就一口答应了。檀庆宪松了口气，但还是提醒他：“黎明啊，这样一来，你就由管理岗转换到工人岗了，你可以考虑一下。”

张黎明爽快地说：“只要是组织需要，管理岗和工人岗对我都不是问题。我喜欢抢修工作，我的岗位就在抢修一线，领导放心好了！”

“我真没想到张黎明会答应得这么痛快。”檀庆宪对我说，“我先前反复考虑的那几句做思想工作的话，都派不上用场了。我心里很感动，看来我是低估黎明的政治觉悟了。有这样的人来带领服务队，这下我可以完完全全放心了！”

时间聚焦到了2007年7月，以国网天津滨海供电公司塘沽分公司配电抢修班为基础的黎明共产党员服务队诞生了。滨海公司配电运检室党支部书记许惠智对我讲，张黎明曾不止一次地说过：“‘黎明共产党员服务队’，这几个字的分量很重，这面旗帜既然打了出来，就意味着责任和奉献。”对此，张黎明问心无愧地做到了！

17　有种精神总能让人感动

《时代楷模发布厅》的节目还在进行中。我看到了张黎明的爱人李海春的形象出现在短片里。就在几天前，我还去家采访过她，喝过她亲手泡的绿茶。那天，她兴奋地告诉我，下岗二十多年的她，终于等到领退休金的这一天了。

这会儿，我又听到她与张黎明的爱情往事：刚和黎明谈恋爱时，在一个寒风凛冽的冬日，两人相约去看电影。只缘偶然发现路上一根电线杆上的P20型绝缘子裂了，张黎明便开始不放心了，每看到一个电线杆，就习惯地跳下车去查看，原本骑车只需半小时就可到影院，他俩足足用了两小时。当主持人当面向张黎明问及此事时，张黎明不好意思地说，当时光顾查线路，把看电影的事情忘了。

李海春在短片里穿了一件粉红色的外衣，看起来很美。一开始，她还保持着那种贤淑的微笑，但讲到动情处，禁不住潸然泪下。婚后的李海春常常在晚上被丈夫推醒，醒来一听，丈夫却在说着梦话，“给我递钳子、给我递扳子”。生活了这么多年，他眼里的丈夫“哪怕待在家里，也喜欢穿着工作服，为的就是接到抢修电话，能在第一时间赶到现场、解决问题”。这让我想起张黎明的老工友孙东云师傅刚才在台上的讲述，在他印象里，除了工作服，就没看过张黎明穿别的衣服。

走近张黎明，总有一种精神能让人感动。张黎明的心里装的永远是抢修、抢修，唯独没装着他自己。也就在檀书记找他谈话的那天晚上，张黎明回到家，把组织上决定成立共产党员服务队的事情告诉了爱人。海春听说服务队要以丈夫的名字命名，不禁有几分惊喜，又有几分担忧。惊喜的是，黎明这么多年来，凭借着自己的努力和奋斗，得到了很多荣誉和领导的肯定，她这么多年在家里的操劳总算没有白费。担忧的是，都说“人怕出名，猪怕壮”，这黎明服务队的旗帜若打了出来，一旦出了什么闪失，就太对不起领导和员工的信任了。

张黎明看出了爱人的心思，说：“这些问题我也反复想过了，我是共产党员，组织和领导这么信任我，我没有理由不把工作做好。再说了，有你这个好后勤在后边撑着，我就没有后顾之忧了，相信我，海春，我是不会让人戳脊梁骨的。”

“哎，不对呀，黎明，我怎么让你给绕进去了？”李海春聊着聊着，猛然省过味来了，又问了一句，“你先前是专责工程师，是管理岗，这次回到抢修班，分明是降职了嘛！你怎么说起来，好像没这回事似的？”

“好嘛，还挺懂行的呢。”张黎明笑了，“没错，专工是管理岗，为十二级，队长是工人岗，为十一级。我这次调整工作是地位重要了，职务降低了，可能随之收入也会减一些。”

“你运行班一干就十年，又干了快十年的专工，不提拔也就算了，怎么转了一个圈又回来了，你就没什么想法？”李海春试探着问。

“想法？”张黎明说，“咱俩过这么多年了，我是怎样一个人，你能不知道，我什么时候在工作上和组织上讲过价钱？我的很多徒弟都走出去，当了公司部门领导，我若讲价钱，岂不早就讲了。放心，我这个人想得开，只要让我干抢修这一行，管他什么职务不职务的。”

李海春听了这话，心里踏实了。想想也是，这么多年，黎明什么时候在工作安排上讲过价钱？黎明总说喜欢上抢修一线，这回如愿了。

《时代楷模发布厅》正在宣读中央宣传部《关于授予张黎明同志“时代楷模”称号的决定》，有关黎明共产党员服务队的内容是这样的：“他甘于奉献，模范践行全心全意为人民服务的根本宗旨，带领黎明共产党员服务队，十年如一日开展学雷锋志愿服务，用爱心搭起了企业与群众的‘连心桥’。”

“甘于奉献”一语道出了张黎明的境界。每次来国网天津滨海供电公司，我第一眼都会投向黎明共产党员服务队大门前的灯箱。“黎明出发　点亮万家”那几个耀眼大字，让我不禁想起一张动人心魄的照片：黎明共产党员服务队的队员，顶着熹微的晨光，在大海边抢修电力线路。在滨海新区，在黎明与大海这两个词汇中，黎明是真实的，大海也是真实的。它带给人的是希望，是力量。我的眼前仿佛展现出一幅图景：黎明中的大海，犹如一首气势磅礴的交响乐，浪花挽着浪花，波涛涌着波涛，令人耳闻目睹，顿生无限的勇气和力量。张黎明和他引领的黎明共产党员服务队，就称得上黎明和大海的化身，就是一个能打硬仗的劳模群体。他们披着黎明的晨光，展示大海的气魄，用心血书写了新时代智慧型工人的壮美画卷。

那天晚上，张黎明和爱人李海春聊了很久很久。在张黎明眼中，人的一生，有许多事情是不能选择的，譬如人的容貌，人的出身，人的基因，甚至在某一特定时期，无法选择你所从事的职业。这个道理很简单，在一个特定的历史环境下，为了事业，为了国家，为了长远，你必须要有所舍弃。要相信“上帝给你关上了一扇门，就会为你打开一扇窗”，只要你带着一颗滚烫的心，就会知道血永远是热的。“不管风吹浪打，胜似闲庭信步”，如此而已。张黎明深知是组织的信任，是大家的重托，把这份担子让他来挑，并以自己的名字来冠名。他宁可身上再掉下几斤肉，也要做到让组织放心，让人民满意。

18　新官上任的“三把火”

我喜欢黎明的风景，它给人以青春，给人以光明，给人以想象。老作家徐迟是位我很仰慕的报告文学大家，他笔下的黎明也曾留给我很深的印象：黎明的霞光却渐渐显出了紫蓝青绿诸色。初升的太阳透露出第一道光芒。从未见过这鲜红如此之红；也从未见过这鲜红如此之鲜。一瞬间火球腾空；凝眸处彩霞掩映。光影有了千变万化；空间射下百道光柱。

这段描写很美，让我想到了刚刚在晨曦中诞生的黎明共产党员服务队，正是他们以黎明的热情，点亮滨海新区千家万户，很快便赢得了百姓们的信赖。每当夜幕四合，华灯初上，无论是城市还是乡村，那万家灯火总是让人感觉到幸福。但谁能想到，这无声的电流交织出的繁华，是因为有一些人总在“黎明出发”，辛苦付出只为“点亮万家”。我想，黎明服务队一问世，就能把平凡的事情做好，也是件不平凡的事情。

“打出黎明共产党员服务队的旗号很容易，但创造出黎明共产党员服务队的品牌就很难了。”张黎明对我说，“初创那段时间，我一有时间就翻看兄弟地区创建‘李庆长共产党服务队’和‘二保紧修服务队’的先进资料，琢磨着从他们的身上吸取一些养分，并在此基础上有所创新。我们三家服务队

598
队务服员

黎明共产党员服务队的共产党员向党旗宣誓

的共同特点就是以共产党员为骨干组建起来的电力服务队，但从黎明服务队成立的那一天起，我们就有一个明确的方向，我们不会原样复制那两支服务队的样板，而是要在他们的基础上创新，突出我们自身的特点。”

张黎明还不止一次地谈到，他当时的压力很大，生怕一旦出什么闪失，对不起组织的信任。为了学先进，赶先进，塘沽供电分公司的檀庆宪书记又带领黎明共产党员服务队骨干来到千里之外，到哈尔滨电业局的李庆长共产党员服务队取经。在那里，他们真切感受到李庆长共产党员服务队的风采。

队员们虚心向李庆长求教，并把他们的先进经验带回家。张黎明说：“我们的队员从李庆长身上学到很多好点子，好做法，像向社会公布服务队的传呼机号码，建立服务信息平台，极大地缩短了抢修的时间。另外，我和同事也在琢磨，我们黎明服务队的优势在哪儿呢？想来想去，我觉得，我们还是应当在‘延伸服务、技术创新、精细管理’三方面寻求新突破，打造新亮点。”

“延伸服务、技术创新、精细管理”也就成了张黎明新官上任点的“三把火”。张黎明上任伊始，就提出了以“技术过硬、高效为民、作风优良、保障有力”为奋斗目标，以“服务理念追求真诚，服务内容追求规范，服务形象追求品牌，服务品质追求一流”为服务标准。

在延伸服务上，黎明共产党员服务队开创了走进社区的先河，与社区党群组织结成联盟，设立了客户代表，统计了社区老弱病残居民的电话，公布了服务队的联系方式。平时遇到问题，只要一个电话，黎明共产党员服务队的小伙子就会在第一时间赶到。他们响亮地喊出了“黎明出发　点亮万家”的特色服务口号。

张黎明的爱人李海春发现，丈夫自打去了服务队，在家里待的时间就更少了，早出晚归不说，就是待在家里，也往往是屁股还没坐稳，手机铃就响了。一开始，海春还奇怪：“哎，你怎么电话这么多呀？”黎明笑了笑，“坦白”了：“我把手机号码印到了便民卡上了。”

“我一开始还真不适应。”她对我说，“周六周日就不用说了，那是常态，就是半夜三更也常常有电话打过来。一晚上来那么几次，我这觉就全没了。”

“那后来呢？”我问。

“后来？适应了呗。”海春说，“一个月过后，铃声再响，我也照睡不误了。”

我问张黎明：“很多便民电话都是值班电话，你却把私人号码印在了上面，是怎么想的。”

张黎明说：“如果是值班电话，还需要转到我这来，我这样做减少了一个环节，我能第一时间出现场，心里踏实。”

如今，黎明服务队成立十一年了，这个号码被越来越多的人知晓，它就像一道黎明的霞光，让越来越多的人感受到了人间的温暖。

在技术创新上，黎明共产党员服务队开拓了技术创新的新领域，他在服务队召开的第一次会上就提出：“黎明服务队不应仅仅是一个抢修集体，更应该是一个科技攻关小组，一所人才培养学校。三流班组出绩效，二流班组出经验，一流班组出标准，未来的服务队要向行业输出配网抢修标准。”他和队友们经过半个月的攻关，一种改进型拉杆在服务队投入使用。这种新型拉杆可通过增加普通拉杆的敲击功能，有效解决刀闸在挂钩锈死情况下的分合难题。

在管理创新上，黎明共产党员服务队通过摸索实践，对抢修工作的流程优化改进，总结提炼，并固化形成“AAEA”抢修模式，将故障的平均处理时间由原来的三个小时，缩短到了一个小时左右。他们与孔祥瑞操作队签署了班组共建协议，将目光瞄准国家第一流工作班组，将创新服务放在了首要的位置上。从此，一支集常规检修和志愿服务于一体的“明星”队伍“黎明共产党员服务队”，活跃在滨海新区的每一个角落。

张黎明有句口头禅：“居民眼里的小事，想到还要做到。”他和队员们主动印制了一些卡片发放到社区，创建微信平台，与十一个社区一百五十多位老弱孤残人士长期建立爱心服务联系。“很多居民眼里的小事，我们看到了想不到，师傅不仅看到想到了，还一定要做到。”张黎明的徒弟张雨蔚这样评价他。

张黎明的脚步匆匆，有种时不我待的紧迫感。他的“三把火”归结到一点，就是要送去党的温暖，对居民有求必应，有难必帮，用真诚点亮城市的每一盏灯，也点亮百姓心中的灯火。

19 张黎明怀揣的时间表

日历掀到了2008年的春天，天津滨海新区，这颗在渤海湾畔熠熠闪烁的明珠越发展露出她夺目而迷人的风采。她犹如一杆领舞环渤海经济圈发展的旗帜，飘扬在当代中国经济发展的主航道上。渤海之滨的滨海新区拉开了国家战略的建设框架，在一日千里地发展着，昔日的盐碱滩飞鸟难觅，草木难生，满目荒芜，而今取而代之的是高楼林立，柳绿花红，春色满园。

这一年，法国前总理拉法兰在滨海新区讲，现在我敢说天津是北方的上海；这一年，英国的《泰晤士报》就滨海新区的腾飞载文惊叹，天津的雄心壮志已经赢得了国际社会的信任。

张黎明和刚刚诞生不到一年的黎明共产党员服务队为能赶上滨海新区大开发、大发展的大好机遇而感到自豪和振奋，他说："滨海新区的发展有目共睹，它凝聚了全体滨海人的智慧与力量，也蕴含着滨海电力人为之付出的艰辛与汗水。面对大好机遇，我们要无愧于这个伟大的时代，无愧于黎明共产党员服务队的光荣称号。"

张黎明是这样说的，也是这样做的。自从有了服务队，张黎明的时间表排得更快捷了，他经常是忙到很晚才回家，由于太累，人一躺到床上，很快就睡了过去。即使这样，也时常在半夜有抢修的电话打到了家里。有次，客厅电话铃响了好长时间也没能把他唤醒，张黎明实在是太累了！倒是把张黎明的儿子给吵醒了，儿子跑到张黎明的房间，摇着他的肩膀说："爸爸，又来电话了。"张黎明在睡梦中，睁开眼睛，一激灵便跳下了床，顾不上披衣服就往客厅里跑。随之而来的，匆匆穿上衣服，又出了现场。

"从1987年干上了电力抢修工作的那天起，我们队长就把尽心为客户服务作为自己的信念，一步一个脚印走到今天。就像他的名字一样，黎明，带给人们的是光明和希望。"张黎明的同事贾明辉这样评价自己的队长。他告诉我，"很少见张队长坐在办公桌前，无论是半夜三更还是严寒酷暑，只要电话铃声一响，抢修现场总有他的身影。这种雷厉风行的作风，几十年如一日，可不是一天养成的”。

“工作着是快乐的，创新让工作更快乐。”这是黎明共产党员服务队的座右铭。张黎明对我说：“抢修班实行三班倒休，二十四小时上岗。就我们服务队而言，每天抢修任务平均在十件以上。最忙的时候要属雨雪等恶劣天气，一天抢修任务要达到近百件，几乎是不眠不休。”

长年累月地奋战在抢修一线，他们也总结出抢修的规律，每年像雨雪之类的恶劣天气，大概有二十次左右吧。譬如，四月春季初雨、夏季连续高温、七月暴雨和冬季大雪，这些恶劣天气，他们都从容面对突发的抢修任务，往往一干就是十几个小时。我从黎明共产党员服务队《大事记》中，找到了许多这样的案例，从记述中可以清晰地看到他们辛勤的付出和奉献。

张黎明怀里揣的时间表，永远都是走在时间前面的。这个时间表的日程是：八小时工作，二十四小时待命，无论三更半夜还是刮风下雨，只要接到报修通知，马上奔赴现场，在最短的时间内排除故障，恢复供电。

五年前的一个夏日凌晨，服务队和抢修班连续接到大量报修工单，因为雨势很大，东西沽地区的地势低洼的地方，出现了多处配电箱和低压进户线泡水的现象，致使沿线许多地方电线打火、掉闸，使得那片有多个大型住宅区和重要企业用户停电。抢修班第一时间，驱车赶往事发地点，但在行进中，遇到道路积水太深，抢修车无法通过，只好跳下车，冒着大雨，蹚着没膝的雨水，到达抢修位置。

风还在吼，雨还在下，但抢修班的年轻人，心里想的只是早一分钟将电力恢复。他们凭借熟烂于心的“黎明急修案例工作法”和平日练就的功夫，很快就确定为电缆故障，找到了故障点，恢复了这一区域的供电。但这只是抢修的一幕，他们那天从凌晨一直到下午近5时，都在马不停蹄地抢修，连早饭和午饭都没有时间吃。

当天，张黎明和另一个班组也奔波在抢修现场上。在行动中，他还不停地接到报修电话，有时不得不应对出现的一个又一个紧急情况。繁忙的风雨抢修，就在这种环境中展开了。张黎明事后回忆说：“我们这支队伍的年轻人，都是好样的，他们在如此恶劣的天气下，始终不改斗志，就像战场上的士兵，无论多么艰险的条件，都能打硬仗。”随着故障报修工单的不断增加，到后来，所有备用的车辆和人员都投入抢修工作中。

夜幕降临了，雨还在下着，然而抢修人员的脚步却不能停歇。当天，城市供电管网的10千伏线路掉了十四条，发生七十九件低压故障，抢修队员们一直工作到了第二天凌晨时分，雨渐渐小了，才将故障全部处理完毕。这时，每个人的衣服早已湿透，鞋子被泥水浸泡的看不出原来的颜色。黎明时，队员们终于可以回单位了。他们下了车，看到职工餐厅为他们准备了热腾腾的饭菜。尽管他们昨晚连晚饭都没顾上吃，可许多人还是选择了睡觉，这些可爱的服务队员实在太需要休息了。

谈到这次抢险经历，张黎明说：“我们的队员太可爱了，当险情出现时，他们那种不怕苦、不怕累、敢打硬仗的作风，让人感动。”是啊，黎明共产党员服务队成立十一年来，经历了数不清的风风雨雨，越是风大雨大，越能看到他们的身影。我猛然感到，不光张黎明，每一个服务队的队员怀里都揣着一张时间表。当他们亲手将黑暗驱走，将光明引来时；当他们经历了风雨的洗礼，将彩虹迎来时，我看到了滨海电力人的光彩与豪迈走在了时间的前面。

20　夜晚也闪动黎明的身影

那是2014年最后一天的下午，我从塘沽乘城际列车返京，一路上，脑海里还是晃动着张黎明和他的服务队身影。三天来，我马不停蹄地采访了许多人，也从公司党群工作部那里，收集了好多有关服务队的资料。列车驶过了天津，再有三十分钟就到北京南站了，全部旅程虽不过五十几分钟，但让我有时间对着手提电脑的屏幕，温习到许多刚从滨海带回来的有关黎明共产党员服务队奋战“抢修”一线的鲜活素材。

提起电力抢修，映入人们脑海的往往是在蓝天下、原野里、铁塔下、轰鸣中，抢修人员头戴安全帽，登高作业的伟岸形象。我这次采访后才省悟，其实，电力抢修，远非媒体记者和电视摄影师拍摄的那般阳光鲜活，那般诗意浪漫。电力抢修是一件很辛苦，甚至很危险的工作。很多时候，抢修任务都在茫茫夜色中进行，虽说场面并不像抗洪抢险那般惊心动魄，但也要经历常人所未曾遇到的艰难困苦。

这是我手提电脑里保存的一组采访资料，真实记录了电力抢修班2011年盛夏七月，在十天“夜战”抢修中的动人场景。

镜头之一：2011年7月4日19点35分，抢修班接到客户服务中心电话，中心庄中智里112号电表发生故障，新购的电无法输入，值班人员杨振彪，崔扬立即出发，很快到达现场，经检查的确是表计发生了问题。按照常规，需用电客户办完换表手续才能对电表进行更换。

“一夜没电，这么热的天，我们怎么熬啊?”

听着老大娘焦急的声音，看着全家人无奈的目光，他们二话没说，决定特事特办。在闷热的夏夜，在蚊虫肆虐的环境中，他俩打着手电筒迅速地将电表进行了更换，并耐心地向客户讲解第二天补办手续的有关事项。看着室内重新亮起来的灯光，看着欢快旋转的电扇，看着抢修人员满脸的汗水，老大娘满含着泪水，将抢修人员目送出老远老远。

镜头之二：2011年7月10日17点，一阵急促的电话铃声，唤住了正打算吃晚饭的值班人员张振山、王立松。原来新港千间舍发生了停电，用户紧急报修。

“报修电话就是命令”，张振山、王立松立即放弃了吃饭的念头。他们清楚此时正是居民需要做饭、吃饭的时间，况且当时天气闷热，居民更需要解暑降温，晚到一分，居民就会焦急万分。他们立即开车赶到现场，一户户，一层层地进门检查，最后发现是六层楼的住户电表内线闸烧毁。这本属用户内部故障，不属于供电抢修范畴。但他们看到这户主人重病缠身，无法下床时，连想都没想，立即动手将线闸进行了全面检查和更换。看着抢修人员忙碌的身影和浸透汗水的工装，这户人家激动地拨通了95598，诉说起他们家对电力抢修人员的感激之情。

镜头之三：2011年7月15日19点，新北路永隆车队由于电源少相紧急报修。值班人员郑学义、蔡健春放下电话后，火速赶到现场。经过检查发现是二次保险烧毁，但更换二次保险的位置没有直接到达的通道，需要翻过一个墙头，还需要穿过一片杂草丛才能到达。这时客户十分焦急，头上泌出的汗水表达着他急等交货的心情。郑学义和蔡健春便安慰客户：“放心吧，我们马上办!”他俩忍受着蚊虫的叮咬，冒着滚滚的热浪，翻过一人多高的墙头，穿过一人多高的草丛，及时给用户更换了保险。客户握着他们的手，激动地说“谢谢，太谢谢了，你们真帮了我们大忙啊”，并一再盛情邀他们吃完晚饭再走。他们婉言谢绝道：“为客户解决困难是我们的责任，如果再有问题随叫随到。”简短的几句话，赢得了客户和在场人员的长时间掌声。

这就是夜色下对抢修班的缩写，这就是电力的“120”。无论是黎明，还是夜晚；无论是酷暑，还是严寒，哪里有电力故障，哪里就有黎明共产党员服务队；哪里有风霜雨雪，哪里就有黎明共产党员服务队。

黎明共产党服务队组建之初，就实现了初战告捷。他们赶赴邻近现场的抢修时限一直控制在十五分钟之内，边远地区控制在了三十分钟之内。他们的出色表现，一直受到媒体和社会各界的高度关注。几年时间，黎明共产党员服务队就由最初的二十二人发展到现在遍布新区范围的二十支队伍、三百二十六位队员，服务六十余万户用电居民，包含一百四十二家世界500强企业，包括华北一汽大众、大乙烯、新一代运载火箭、空客A330、国家超级计算天津中心等一大批国家重点项目。他们急百姓所急、解百姓之忧，坚持“你用电，我用心”服务理念，以精益管理夯实基础，以贴心服务塑造品牌，以创新驱动提升质效，赢得了人民群众的交口称赞。

2008年5月，黎明共产党员服务队被天津市总工会授予五一劳动奖状。7月间，天津市总工会主席邢明军来到黎明共产党员服务队，正式授予了“黎明共产党员服务队”队旗。2009年4月，国家人力资源社会保障部和国务院国资委联合颁发给黎明共产党员服务队“中央企业先进集体”荣誉称号。但张黎明和他的队友并没有停下脚步，因为他们知道，前面的路更长，工作更艰巨，事业更光荣。

第五章　黎明的初心

21　一个品牌口号的来由

许惠智是我的老朋友了。我先前写滨海的两本书，都得到他的鼎力相助。那会儿，他是国网天津滨海供电公司思政部的副主任，如今，他虽说去了公司配电运检室担任书记一职，但采写张黎明，我少不了还要采访他，因为他对张黎明太了解了。许惠智开门见山地描述了一番：张黎明，一眼望去，戴着一副度数不是很高的眼镜，是文质彬彬的面容与晒得黑黑又有些粗犷身材的混合体。

“我和张黎明，应当说有二十多年交情了，我1995年大学毕业，来到塘沽供电局，当时我在输电工区，他在运行班。我们平时都认识，但交往不是很多。”许惠智说，“2001年，塘沽、大港、汉沽三个供电局合并成立了国网天津滨海供电公司。2004年，我调到公司搞宣传，从此，我与张黎明这个先进人物的联系就多了起来。2007年，黎明共产党员服务队成立，张黎明和他的队友们以他们的真诚服务，取得了滨海新区老百姓的认可，在很短时间内就名声大振，在群众心中竖起一面电力服务的旗帜。后来，服务队又打出了‘黎明出发　点亮万家’的品牌口号，让更多的人了解到张黎明和黎明共产党员服务队。”

“惠智，你能介绍一下‘黎明出发　点亮万家’的口号是如何叫响的吗？”

“这话还要从2011年4月11日，黎明共产党员服务队与塘沽崇文里社区签署延伸服务协议说起。这是他们几年来签署延伸服务协议的第七个社区。根据协议，黎明共产党员服务队在完成日常对塘沽区域二十六万户工商企业和居民用户的供电抢修外，还走进社区居民家中，义务帮助社区中孤寡老人、残疾人等进行家庭电力维修。”许惠智说，“这些举动在滨海新区产生了非常大的影响，社区百姓都亲切地称他‘黎明队长’，因为他已成为社区名副其实的电管家、是代表党给他们送来光亮的‘光明使者’。”

“来了十分钟，问题就解决了，我挺感激的。以后电器有故障还得找黎明。”家住塘沽河华里的郑大娘说。

“有了黎明共产党员服务队，咱们社区就像有了一个‘电保姆’。”塘沽向阳街和平里社区居委会主任王永兰感慨地说。

随着居民和客户送来越来越多的锦旗和表扬信，国网天津滨海供电公司党委决定利用这一契机，加大对服务队的支持力度，使黎明共产党员服务队在优质服务上再迈上一个新台阶，让这支电力服务尖兵伴随着滨海新区的发展而发展，伴随着滨海供电公司的成熟而成熟。

“为落实公司党委的这一部署，我们思政部策划了一个活动，为黎明共产党员服务队征集一个品牌口号。”许惠智告诉我，“我们在全公司范围发出了征集通知，很快就得到了热烈的响应。每天都有员工向我们提供口号语，有人一写就是好几条。我们将这些口号归类、精简，最后选了三十多条报送到公司党委和党政领导的案头。在讨论确定这些口号时，时任公司党委书记李树泉力推‘黎明出发　点亮万家’这条，认为它既生动，又简洁。他的看法在公司上下得到了广泛的赞同，最终被确定为服务队的行动口号。”

“黎明出发　点亮万家”这句口号伴随着黎明服务队的名声，很快就在滨海新区叫响了。黎明服务队的队员们，将一颗颗滚烫的心捧出来与黎明同行，与光明同行。他们的理念是，多一分付出，就能换来多一分平安；多一分责任，就能收获多一分认可；多一分热心，就能赢得多一分赞许……黎明共产党员服务队用自己的热情和行动，热爱着自己的岗位，坚守着自己的职责；用自己优质的服务，践行着滨海公司讲奉献、争一流的企业精神，诠释着员工对企业的忠诚，对社会的奉献。

“当你服务他人的时候，人生不再是毫无意义的。”这是美国哈佛大学学者葛登纳的名言。对张黎明和黎明共产党员服务队来说，服务他人是他们的神圣职责，服务好他人是他们行动的指南。张黎明走到这一步，绝不是靠一天两天的偶然获取的。他是一匹千里马，恰好有好的伯乐，给了他一个施展才能的竞技场。凭借着三十一年的思想和实践的积累，他一步一个脚印，成了一个名副其实，有口皆碑的英模人物。

我在连续几天的采访中，越发理解了“黎明出发　点亮万家”的具体实践就是踏踏实实工作每一天，用充满阳光的热情对待客户。我渐渐地也感悟到了张黎明和黎明共产党员服务队为什么会在人民群众中产生那么大的反响，凭的就是不忘初心的那份责任，就是牢记使命的那份信念。

“明白了要把工作完成是很容易的，但把工作做得出色却是很不容易。”和我交谈的一个服务队队员指着办公楼前的灯箱说，“我每天上班，第一眼看到的就是灯箱上的这句口号，最初看到时感到的是激动和振奋，现在看到时感到的是责任和义务。我渐渐明白，如果我能以充分的热情去做最平凡的工作，也能成为最优秀的员工；如果以冷淡的态度去做最高尚的工作，那我也不过是个平庸的员工。”

这个小伙子，我虽然叫不上他的名字，但他的话我记住了。他的话很朴实，让我想到了网络上一句比较流行的话：“不管走多远，永远不要忘了我们为什么而出发”。我问过张黎明：“黎明出发　点亮万家”的深意何在？他说：“我想这就是不忘初心吧。总结一下，我所理解的初心是什么？就是在遇到困难、快要坚持不住的时候，回想起初心，能让我们重拾勇气和力量，让我们能无怨无悔地坚持住的那个最单纯的初衷。”我恍然明白了：张黎明和他的共产党员服务队为什么能走得这么远。他们像渤海之滨的簇簇浪花，不舍昼夜地向着远方前行，每一天都会迎来黎明的曙光。

22　点亮邻里心中的明灯

写到这里，我恍然领悟到，这就是大海的力量，源于一个纳百川、容万物的壮阔胸怀；源于一种生命不息、奋斗不止的拼搏精神。不是吗？他们就是努力这样做的！黎明共产党员服务队，从诞生的那天起，就像大海的春潮，涌动在这片热土上，服务滨海新区发展，建设美丽的天津，在平凡的岗位上，做出了不平凡的业绩。我不禁想：如果我们在大海面前挽起臂膀，肩并着肩，手挽着手，那么我们就会比大海更有力量。

这次来滨海见到张黎明，他对我说的一句话，让我感触颇深："我们是共产党员服务队，不忘初心就是心里要装着社区的人民群众，用一颗滚烫的心去点亮邻里心中的明灯。这盏明灯就是党送来的温暖。"

这就是张黎明和共产党员服务队的境界。他们早已将志愿服务上升到了为民服务、为党增辉的层面。为此，他们将"让用户感觉不到停电"作为抢修工作的最高目标。这也正是他们建队十一年来始终如一地走进社区，贴心百姓，排忧解难的精神动力。他们自称是"电力120"，大到电力抢修，小到更换一个灯泡，都在他们志愿服务的日程中，社区邻里都亲切地称他们为"我们的电保姆"。

张黎明志愿服务的可贵之处在于主动上门服务，而不是等到社区居民提出要求才去服务。有一次，张黎明到一个老旧小区抢修和看望孤残老人时，发现这个社区的楼道普遍不"敞亮"，大部分电灯由于年久失修早已不能使用，而这些地方又以老人居住为多，行动起来很困难。这个现象引起了他的深思。尽管楼道照明不属于抢修班的服务范畴，但看到居民出行困难，他心里过不去。回到了公司，张黎明就召集黎明共产党员服务队的队员讨论起这个问题。带着这个问题，他们又到条件相似的老旧社区了解情况。他们发现由于楼房老旧，电路管线设计不合理，且年久失修，很多楼道都没有楼道灯，或楼道灯不亮。这对一些年老体弱无人照顾的居民是个很大的难题。摸黑出门，摸黑进门，经常跌跌撞撞，很多老人苦不堪言。看到张黎明来摸查情况，他们就像见到了救星，纷纷跑上前去诉苦。

张黎明立即行动，带领服务队队员将可以改造的楼道灯都更换了声控开关，解决了出入门摸黑的难题。对没公用线路的楼道，张黎明却犯了寻思：解决楼道灯不亮，加装一盏楼道LED灯，没有问题，可问题是整个楼层都没有公用电路，这线从哪儿取？这费用从哪儿出？张黎明意识到这一问题，就动上了脑筋。他从多方渠道了解到，由于受照明设施安装技术、公共电费收取、运行维护技术等因素影响，这些老旧小区楼道照明长期处于无人管理、无人担责的状态，“黑楼道”的问题已成为老旧小区的一种普遍现象。张黎明在服务队会议上说：“大庆铁人王进喜有句名言，‘有条件要上，没有条件创造条件也要上’，只要我们想做这件事，办法总比困难多！”

后来，他们想出了一个既能便捷适用，又能群众接受的方法。为此，他们利用自身专业特长，量身打造了一个志愿服务项目：“节能互助，照亮邻里”惠民志愿行动，即老旧小区楼道照明改造计划。这项计划分为两步：

第一步解决灯泡选型问题。有一天下班后，他骑车去了灯具大市场。回家时，自行车的车筐里多了一个大黑塑料袋。他买了各种节能灯泡回家，经反复比较，将目光锁定在一种既便宜又省电的LED灯上，最终选出了一种声光控节能灯。简单来说，就是把只有3瓦的LED节能灯泡与声光控装置合二为一，这样既省电，设备又不容易损坏，照明效果还好。由于LED灯泡能耗仅为白炽灯的十分之一，这样，一盏楼道灯仅需三度电便可维持一整年的楼道照明，算下来一年的电费只要一块五毛钱。

第二步解决楼道接线难题。一开始，黎明服务队在居民区招募志愿者拉线路，出电费，可大多数人都不太相信这种节能灯一年只需要这么一点钱，不愿意做，认为吃亏了。尽管队员们苦口婆心，人家还是晃脑袋，拒绝从自家拉线接灯。志愿计划一时搁浅了。明明是好心为民解忧，却得不到居民支持，大家心里都很焦急。张黎明心里清楚，眼下当务之急是要先说服一个在居民中有威信的人，试点做一个样板，再用事实去说服大家。

张黎明抱着试一试的态度来到福建西里的杜传芳老人家做思想工作。杜大爷听了介绍，有点半信半疑，又自己上网查资料，弄懂了节能灯的原理后，欣然加入了志愿队伍，成了第一个“吃螃蟹”的光明志愿者。随后，张黎明带着这个成功案例去老旧社区做工作，他扳起手指头算了一笔账：“大家看一看，用3瓦LED节能灯，声光控照明一个楼层，按每天三小时算，一年大约一千小时左右，算下来只耗费三度电，平均每个志愿者一年只需要支付一元五毛钱，还造福了邻里，我们何乐而不为呢？”

张黎明在丹东里社区开展志愿服务活动

道理讲通了，思想疙瘩解开了，长期困扰居民的难题也化解了，人们纷纷要求加入惠民志愿者行列。2016年6月24日，张黎明和服务队的队员们到福建西里继续为老旧小区进行楼道灯免费安装。抢修车刚刚停下，志愿者杜传芳老人就把张黎明领到5栋3门开始安装。张黎明开玩笑地说：“别看杜大爷盯着我们的每一步工作，像个验收官，可老人家已帮我们联系了七八栋楼门来安装这种节能灯了，走到哪里都帮我们做宣传呢。”

“哎，说反了，”杜大爷连连摆手，“是你们在帮我们解难题啊，黎明共产党员服务队真是服务到家了，你们个个都是好样的！”

说话间，张黎明已经干起活来。他娴熟地在墙上打眼，然后打开电表，从楼道里接出引线，随之安装LED节能灯，没一会儿工夫，完成了所有工序。他摘下工帽扣在灯上，灯亮了，感知昏暗自动亮灯的测试完成，再无须开关，再无须一户一个拉灯绳，一盏灯照亮了同一楼层三户人家，也照亮了邻里的心。

滨海塘沽街道新城家园居委会主任何丽目睹了这一切，深有感触地说：

“张黎明和他的服务队用他们的行动点亮了社区百姓心中的明灯。他们发起的志愿服务也在不断创新，由一个人做好事，到一群人做好事。到如今，连许多受助的对象，也投入到志愿服务队伍中来了。以前也许互不通气的邻里，也争着抢着把灯接到自己的电表上；以前夜里不敢出门的大娘大爷，也开始出来晚练了。”

23 “黎明·善小”微基金

“节能互助，照亮邻里”惠民志愿行动开局顺利，让张黎明松了一口气，但他意识到，这仅仅是一个开始，如何将惠民志愿服务引向深入，离不开社区群众的支持。“一花独放不是春，万紫千红春满园”，他的脑海里又开始酝酿一个新举措。

“人们都说‘赠人玫瑰，手有余香’，一年一块五，楼道照明改善了，邻里之间关系更加融洽了，我们服务队的工作也更容易开展了，这就是一个好机制的大作用，然而建立一个好机制绝非容易的事，要‘想为’‘敢为’更要‘善为’。”张黎明如是说。

我问张黎明，何谓“想为”？何谓“敢为”？何谓“善为”？

张黎明说：“想为，就是说首先得要想去做，积极去做，去创新、发明各种解决办法。我们的楼道照明改造志愿行动，就是在创新服务上，想出的新亮点。敢为，就是说在面对各方阻力包括来自队伍自身阻力时要敢为人先。不但要敢想，还要敢做。当初，施工中要从居民家的电表箱中接线出来，曾有队员担心如果接线接虚了，人家的电器烧坏了，谁给赔呀，再说，我们是在动人家的设备，怎么干啊？我和他们说‘为何对自身技术不自信呢，我们不仅要把原来问题解决，还要通过我们的工作去发现原有的问题。我们是专业电工，做接头的标准是什么，就是专业电工做接头试验时只能从别的地方断，我们的接头不能出问题，这才是属于我们的技术自信’。经过我们努力，终于把一个最初居民不看好的拉线问题解决了，由不愿意去做，到争相去做。最终，这项公益活动使六百多层老旧楼道告别黑暗，近两千户居民从中受益。善为，就是说要善于依靠组织、依靠宣传，建立有助于推动项目发展的相关机制，要依靠公司制度保障，使项目可以持续推广复制。我们成功地开展‘节能互助，照亮邻里’惠民志愿行动后，又进一步将其推广为志愿服务范围更广泛的‘黎明·善小’微基金活动。”

“善小”原本出自《三国志·蜀书·先主传》中“勿以善小而不为”。句中，意在小小的善行。惟所行可以称为“小”——举手之劳，何足挂齿，是微不足道之意。行虽微小，而善心乃大。哪怕点滴的善举，非得有大大的善心才能发生。张黎明发起建立“黎明·善小”微基金，意在将服务队志愿行动的善举在更大层面上推广。他将滨海新区发放给他个人的一万元精神文明个人奖金悉数捐出，作为微基金的第一笔捐款。

“老旧小区往往没有公共电表，这就需要有‘光明志愿者’主动把楼道照明灯接入自家电表中。”张黎明说，“我们采用的新式声光控LED节能灯，虽然功率只有3瓦，亮度却可与40瓦至60瓦的白炽灯相匹敌，耗能则为小区居民原自装灯具的十分之一。这就解决了许多居民担心耗电大的顾虑，安装时我们也处处为社区志愿者着想，尽量减少施工成本，基本是利用原居民已安装门灯的灯口来做的。”

滨海塘沽街道新城家园居委会主任何丽目睹了“黎明·善小”微基金的筹措过程，深有感触地说：“张黎明为社区做的每一件事都给我留下了深刻的印象。近年来，他们改变了以往的工作方式，变‘单一主体’为‘多方参与’，我们社区也加入到了志愿服务中来。譬如他们创新提出了‘社区居委会—居民志愿者—电力服务队’三方联动服务模式（服务队负责技术、社区居委会负责管理、居民志愿者负责宣传动员）就是很好的尝试。服务队依托创新工作室，结合电力技术专长对我们小区线路进行优化改造，并利用‘黎明·善小’微基金作为资金支持，让许多社区居民的照明得到改造，也助推了老旧小区的物业管理新模式。他们创立的微基金项目也已被列为天津市重要惠民服务行动，不但解决了长期困扰老旧社区居民的楼道照明问题，也使

“黎明·善小”微基金向社会捐出首笔爱心助残款

得社区助残帮困活动找到了新的突破口。”

2016年5月10日，国家电网天津滨海公司举行了隆重的“黎明出发　点亮万家”微信公众平台暨“黎明·善小”微基金启动仪式。天津滨海新区区委、区政府、国网天津市电力公司、国网天津滨海供电公司的领导出席了仪式。仪式上，几位领导和张黎明共同启动“黎明出发　点亮万家”微信公众平台。由张黎明发起设立的“黎明·善小”微基金同步启动，并向阳光家园启智托养院捐出了首笔爱心助残款。

“黎明·善小”微基金和“黎明出发　点亮万家”微信公众平台启动两年来，发挥了巨大的示范引领作用，以实际行动诠释并践行社会主义核心价值观，也展现出了新时期优秀共产党员的精神风貌。任峰在和我交谈中说：“‘黎明·善小’微基金主要来源于员工爱心捐助，重点用于帮扶救助社会困难群体、开展志愿服务，以善小汇聚成扶贫济困的大爱。微信公众平台是以黎明共产党员服务队的服务承诺而命名，加强电网与社会各界互动交流的信息网络平台。平台的建立，将凝聚更多社会正能量。现在看来，这两项目标，我们都达到了。”

几年前，我采访张黎明和共产党员服务队，感叹过他们的志愿服务是雪中送炭。他们的服务对象是社区居民委员会确认过的，包括五保户、残疾人、老年人等，并做到了有的放矢地帮助帮扶对象。可如今，我猛然发现他们已不再局限于做好事，而是超越了工作和志愿服务的范畴，变成了一种影响他人的社会行动。譬如创立“黎明·善小”微基金，邻里共建楼道照明工程……都是将更多的人纳入到了志愿服务的行列。从这个角度来说，张黎明并“不安分”，且做了很多分外的事。张黎明是集劳模、工匠于一体的新时代的产业工人，他创办的微小基金让成千上万的人受益。通过电台直播后，有许多热心听众打进来电话，对张黎明所作所为竖起大拇指点赞，出主意。张黎明主导的这些行动，让他在志愿服务道路上累并快乐着，并影响着越来越多的人。

24　百姓的事是天大的事

在张黎明心中，民生无小事，百姓的事就是天大的事。2017年4月12日，滨海新区新开里社区按事先通知，上午8:30至晚上6:00期间实施计划停电检修。没想到的是，临近断电前，张黎明突然接到从天津市95598打来的求助电话。范阿姨在电话里说：“我知道你们停电了，通过电视、报刊，包括我们的门洞都贴有停电计划，但是自己内心嘀咕了好多天。我有个96岁的老娘，生病卧床，在家需要依靠带电呼吸机，病人怕凉，还用着小太阳、电褥子等等。一旦停电，我怕老人因为这个事情会故去，可不可以不要停电了？”

“人命关天啊！我接到这个电话，头都大了，因为计划已经安排下去，不停电是不太可能的。但我也向大娘保证我们服务队可以做到为她家保电。”张黎明回忆说，“也巧，我们服务队房间有台发电机。我召集服务队员马上行动。他们得知情况危急，便争分夺秒做准备工作，考虑到对方提供的地址是三楼，如果在屋里发电，有味道，有声响，怕影响病人休息，他们主动提议多带20米电缆线，准备在一楼为三楼供电。”

张黎明当天要去宝坻培训中心讲课，无法前行，但他一直关注着黎明共产党员服务队的保电行动。这些可爱的队员带上发电机火速出发，在现场架设起20多米长的入户供电线路。制氧机咕噜噜运转起来，老奶奶的呼吸恢复均匀，范阿姨笑着流下感激的眼泪……

中午时，张黎明打来电话询问情况，并关切队员是否吃了午饭。不想，他们坚持不去吃午饭，没有别的原因，就是因为他们觉得那时大娘家需要他们。在持续十一小时的特殊供电服务后，他们才放心地离开了老奶奶所在的社区。

这次采访，我问及这件事。张黎明说，我们滨海公司所服务的辖区是整个滨海新区，关乎六十多万户企业用户和二百九十万居民。人民群众既然找到我，一定是自己真的有困难。就拿那次保电的事说吧，应当是低概率的事情。如今的供电可靠率很高了，停电概率本身极低，但恰好赶上计划停电，又赶上社区有96岁的老母亲瘫痪在床，更巧合的是还需要靠呼吸机维持生命，断电随时有生命危险。这几点加在一起就是个小概率的事件，但如果发生了，人民群众又确有需要，我们努努力是可以提供帮助的，老百姓的事就是天大的事，我们有什么理由不去雪中送炭呢？

张黎明是这样说的，也是这样做的。2015年3月的一天，为修订《黎明　我们出发》那部书稿，我再次来到了滨海公司，又听到了新近发生在张黎明身上的故事：新村街丹东里社区70多岁的大娘陈雨兰患有心脏病，老伴患病瘫痪在床，生活不能自理，是社区里的特困户。张黎明了解情况后，主动和陈大娘结成帮扶对象，从此这个家里的大事小情都成了他的“分内事”。除了定期上门检查线路，自费更换用电设备，每逢节假日，张黎明和队员们还会一起来陈大娘家看看，送来一些生活必需品，里里外外收拾一遍，像家人一样陪老人唠唠嗑。

那天，张黎明突然接到陈大娘的求救电话：“张师傅，快来救救我，我心脏不好受，喘不上气，儿女也联系不上……”从大娘有气无力的声音里，张黎明意识到了情况的危机，二话没说就开着抢修车驶往丹东里。张黎明和同事推开房门，看见大娘满脸大汗、呼吸急促地靠在椅子上，偏瘫的老伴齐大爷也无能为力。原来，刚才陈大娘心口不适，不能动弹，她给儿子打手机，但儿子由于正在服务天津市人代会，关了机，她就想到了张黎明。张黎明见情况危急，急忙拨通了120救护热线，可收到的回复是到达丹东里至少需要二十分钟。怎么办？张黎明迟疑了一下，但看到大娘痛苦的表情，便毅然决然地说："大娘的情况不能耽误了，咱送大娘去医院！出了事，我担着！"

他将大娘从三楼背下来，和同事将大娘平放到抢修车椅上，连闯了两个红灯，用了不到五分钟，就将老人送到附近的天津市第五中心医院，垫付了医药费，一直等到大娘脱离险情后，才离开。陈大娘恍然想起，过去一直称他张师傅，却不知他叫啥，就说："张师傅，我还不知道你的名字呢。"张黎明回过头，笑着说："我叫张黎明。"

原来社区里人人夸赞的张黎明，就是眼前的张师傅啊。七旬老人陈雨兰热泪盈眶，连称张黎明为"救命恩人"。她想起社区里谁家屋里灯坏了，线路坏了，他都来处理，还自己掏腰包买，从此她逢人便夸张黎明："对这样的大好人，我都不知道该说什么好了。"

事后不久，陈大娘的家人带着锦旗来到服务队，给张黎明和服务队员们鞠躬致谢。每个队员都感受到心灵的震撼。这种震撼，不仅仅因为这是一个家庭的最高礼遇，更重要的是，它让队员们刻骨铭心地明白了，无论什么事情，只有对百姓"心存大爱"，在关键时刻豁得出去，才算对得起共产党员服务队的称号。

我问张黎明，当时就没有想过这样做有风险吗？他说："我也犹豫了片刻，但人命关天，救命要紧，百姓的事是天大的事，我当时也顾不得那么多了。"写到这里，我不禁想到当今社会上时常发生有老人突发急病，躺在街头，没人敢救的现象。但张黎明用亲身的经历证明，我们这个社会，还是好人多；张黎明用自己的行动呼唤着人间的大爱和真情。

25 用爱心感动身边的人

“谢谢，谢谢，多亏你们的帮忙，以后雾霾天，我们老人就可以在室内活动了。”2013年12月10日，塘沽区丹东里社区的老年活动室完成了装表接电工作，丹东里社区王海东主任一把握住了张黎明的手，激动得连连道谢。就在几天前，张黎明接到王主任的求助电话，反映社区有些老人爱好下棋，平时都在户外活动。可随着天气转冷，而且雾霾严重，考虑到老人们的身体状态，居委会就打算将社区门口的一间小空屋开放，供居民们开展文体活动。老人一开始挺高兴，谁知没过几天，人就越来越少了。原来，这间屋子长期空闲，根本就没有电源，冬日，一到了下午4点以后，室内光线就暗得什么都看不见了。那位主任急了，首先就想到了给张黎明打电话。

张黎明第二天一大早就跑到现场，了解情况后，当下就安排人从业务申请、现场勘查，到最后接线装表环节，全程引导办理了全部手续。黎明共产党员服务队的队员，接到任务后，立即赶赴现场接线安装，原本一周的接电工作流程三天就办完了。现在老人们又有了活动场所，每天这里都是一片欢声笑语，社区群众一提起这事儿就赞不绝口，说：“黎明服务队想得真周到，真是我们丹东里贴心的‘电保姆’啊。”

我在丹东里社区看到一个小红本《社区便民爱心卡》，上面第一栏第一行就是“滨海黎明共产党员服务队”，第一个电话号码就是张黎明的个人手机号码，除了95588抢修热线，这里的社区百姓，特别是孤老残困户家庭，都记得这个号码，因为只要一个电话，黎明队长准来。

“黎明出发　点亮万家”，张黎明和同事们对社区居民有求必应，有难必帮的爱心，也会收获满满的感动。几年前的一个夏日，有位老大妈慕名找到黎明共产党员服务队，说能不能到她家里看看，她现在连屋子都不敢进了，摸哪儿哪儿有电。

按常规说，电力抢修，一般都是户外线路，是不负责家庭内部维护的。但张黎明看到老人那种急切而无奈的神色，就决定登门看一看。一路上，老大妈喋喋不休地说，她也是实在没办法，听到黎明服务队的好口碑，才找上门来的。

原来，老人家抽油烟机漏电，打电话请来一个没资质的维修工。那人进门看了看，就说抽油烟机坏了，不能修，只能换。老人花了一千多块钱，换了台抽油烟机，但还是不好使，抽油烟机没修成，那人就走了。大妈没想到的是：这次不仅抽油烟机外壳一摸电手，家里所有电器外壳都带上了电。她这才明白，她是请李逵不慎，反请来了李鬼。那人拿了修抽油烟机的钱溜了，却苦了老大娘，不但电器没修好，而且还摸到哪儿都带电，没办法，她只好跑黎明服务队来了，她相信“公家”的师傅不会蒙人。

张黎明到了大娘家，发现家里电源线路很杂乱，凭借多年经验，故障很快就找到了，原来多年前，她家从阳台引过一条电线，只有一火一零，安在了三相插座上。这些年由于平时只用两条线，就相安无事，可那位维修工，不知是有意，还是无意，将一根火线的线头与插座的保护零位短接了，结果只要一插插座，就造成满屋子漏电。

张黎明弯着腰，将接线盒重新梳理好，还给大娘家重新布了线路。看到张黎明的脸上沁出了汗珠，大娘拿起了扇子，为他扇着风。张黎明很快就将故障修好了，老大妈感激得不知说啥好了，嘴里一劲儿地说：“你们公家的人，来修电，不收钱，还态度好，还是公家的人好，我们信得过啊！”

如今黎明服务队队员身上的红马甲俨然成了居民心中的金名片，张黎明常说：“做志愿服务虽然不是我们的本职工作，但是和共产党员的初心和使命紧紧相连。”据不完全统计，目前，服务队已与十一个社区，一百五十多位老弱孤残住户确立了长期帮扶关系，每年开展志愿服务百余次，服务人群近十万人。

这就是张黎明，三十一年如一日，无论寒冬酷暑，他风雨兼程、灯火情深。“人民电业为人民”是张黎明挂在嘴边的话，更是放在心里的航标。他的心中有信仰，脚下有力量。在他的身上，我们能看到“不忘初心”不只是口号，更是张黎明熔铸进灵魂、付诸于行动的意识，一路上，他始终践行着责任，不曾停下脚步。

“我们小区又断电了，你们快来看看吧。”那年高考前的一个晚上，家住悦海园8号楼的何大爷给黎明共产党员服务队打来电话，说突然停电了，很多有考生的家长都急了。张黎明闻讯立刻带队赶往现场。经过检测小区两条电缆都坏了，电缆埋在地下，一时无法处理。

“用一根线带三相，也可以临时供电，但是存在安全隐患。如果更换电缆，那维修就需要时间。”仔细衡量后，张黎明决定连夜大干，彻底更换这两处电缆，承诺在第二天中午之前恢复供电。抢修队员从晚上一直干到第二天早上6点，直到在何大爷的反复劝说下才去小区门口吃了早点。到了中午12点，抢修工作在承诺时间内完成，小区供电恢复正常。居民纷纷跑过来向他们致谢，并将他们送出了好远。

“我们只是做了我们该做的事儿，社区居民就如此信赖我们，那种感人的场面，让我至今还难忘。”张黎明几天后，在早会上对队员感慨地说，“我们要理解老百姓用不上电时的焦急心情，要像大夫抢救危重病人一样对待抢修工作和延伸服务，抢修工作不仅要讲效率，讲技术，更要讲责任，讲良心。”

在张黎明看来，奉献是一种情怀，更是一种高尚的境界。他对我说过：“一想起能通过我们的双手，为千家万户送上光明，送上欢乐，我的心就像蘸了蜜一般的甜。无论之前，我们受了多少的苦，挨了多少累，我心里都只有一个字，‘值’！”

第二部

黎明追梦

我们从创新的春天走来，将探索的晨光聚焦在这片充满生机的沃土，黎明追梦，将潜在的能量尽情释放在滨海新区的大地。一个蓝领工匠，用了三十一年时间去钻研科技创新，去探索专利发明，十多年间，画了一百多张草图，不是为了发财，不是为了名声，只是为了去追逐一个电力创客的梦。

我想，张黎明就是一个新时代蓝领追梦人。他不光在寻梦，也在追梦。看到一项项创新成果在黎明创新工作室问世，我不禁在想：梦想就犹如遥远的星辰，我们也许永远无法触摸到它的顶点，但我们可以像航海者一样，借星光的位置而航行，去抵达梦想指引的地方。

第六章 两个劳模的创新梦想

26 张黎明与孔祥瑞的缘分

年轻时，在我心目中，大海永远是这样一番情景：湛蓝湛蓝的海水，一浪高过一浪地涌来，高溅的浪花，腾起万顷波涛，拍打着陡峭的礁石，发出荡涤心灵的音响；海面上，一群海鸥扇动着梦想的翅膀，在巨浪翻滚中，高傲地飞翔着，向着远方，向着梦开始的地方……在滨海新区，张黎明和他的创新工作室与孔祥瑞和他的操作队，都在这个梦开始的地方，实现着创新的梦想，就像两群海鸥，在渤海之滨上空展翅翱翔。尤其是这两年，张黎明创新工作室做得风生水起，以至于让远在北京的我感受到“浪花飞溅”了。

而今，当我再一次到张黎明创新工作室，我又看到了很多新的创新成果，尤其是摆在工作室的那台配电网带电作业机器人，给了我一种强烈的震撼，这是张黎明和他的工作室在创新之路上的可喜跨越。张黎明是伴随我国改革开放成长起来的产业工人的杰出代表，中宣部在授予张黎明“时代楷模”称号的决定中是这样表述的：“他勇于创新，先后实现技术革新四百余项，二十多项填补电力行业空白，是知识成长型、技能型、创新型劳动者的杰出代表。”

我眼前的张黎明还是老样子，只是略微胖了一些，可那朴朴实实的笑容，依然生动地挂在脸上。我们的话题先是从他的创新工作室聊起，它创办于2011年10月，但萌发于2009年。这还要从与孔祥瑞的交往所受到的启发谈起。

说起孔祥瑞，可是在天津，乃至全国都赫赫有名的全国劳模。他是2006年度十大“感动中国人物”之一，我印象里，那一年入选的有“独臂英雄”丁晓兵，“著名学者”季羡林，“慈善家”霍英东，“气象学家”叶笃正……孔祥瑞则是以“蓝领专家”的身份当选的。

至今，我仍对当年央视举办的盛大颁奖典礼印象深刻，其颁奖词是：

“不管什么时代，劳动者都是社会的中流砥柱。但在今天，更值得尊敬的，还应该是那些不仅贡献汗水还贡献智慧的人。”

2009年，在中央宣传部、中央组织部、全国总工会、共青团中央、全国妇联、解放军总政治部等11个部门联合组织的“100位为新中国成立做出突出贡献的英雄模范人物和100位新中国成立以来感动中国人物”评选活动中，孔祥瑞又被评为“100位新中国成立以来感动中国人物”。

张黎明告诉我，孔祥瑞对他的影响很大，两人的创新理念相同，服务宗旨相通，在平常，他和孔祥瑞经常用短信联系和交流，同为天津人公认的“蓝领专家”和“知识型产业工人”，孔祥瑞与张黎明这对劳模同处滨海新区，而且分别以劳模名字命名的“孔祥瑞操作队”和“黎明共产党员服务队”也有着多年合作交流的经历。

张黎明的理念是：“以乐观的心态，对待工作中的难题，以宽厚的胸怀，对待身边的同事，你就会发现管理海阔天空，创新无处不在。”记得八年前的那次采访，张黎明就谈到了他与孔祥瑞之间相互学习，相互促进的经历。我曾在《滨海　光电交响曲》一书有过这样的记载：

说起来，这个黎明共产党员服务队还与天津港著名的全国劳模孔祥瑞带领的孔祥瑞操作队有异曲同工之妙呢。孔祥瑞这位闻名全国的“蓝领专家”和他的操作队，也是以科技创新而著称，曾先后开展技术革新一百五十多项，获多项国家专利，为企业创效八千多万元。我之所以将黎明服务队与孔祥瑞操作队联系在一起，是因为他们同在滨海新区这片蓝天下，又于2009年4月签署了共建文明队协议，并开展了多项交流合作活动，其中包括服务队班组管理、科技创新、延伸服务等工作，还商定合作开展科技创新项目的研制与申报。

这次采访张黎明，我旧话重提，问及了当年他们是如何走到一起的。他告诉我，与孔祥瑞结识还缘于滨海公司原思政部主任杨旭华当初的牵线搭桥。杨旭华的老同学当时是孔祥瑞的领导，一次偶然的场合，他们分别聊起了孔祥瑞操作队和黎明共产党员服务队。由他们牵线搭桥，并在滨海公司党委的协调支持下，才有了他们两人的第一次见面。共同的理念，共同的热

黎明电力服务队与孔祥瑞操作队共建文明队协议签字现场

情，共同的责任，让他们和他们的团队携手走到了一起。他们相互学习，相互促进，共同成长。

我恍然明白了，为什么这么多年来，张黎明带领的黎明共产党员服务队和张黎明创新工作室，能够对上不辱使命，对下不负众望，出色地将其打造成国网天津滨海供电公司、国网天津市电力公司，乃至国家电网的知名品牌。这也让我想起孔祥瑞的一句话："个人魅力，首先是责任，然后是精神，能力是很重要，但对企业负责、不断进取更重要。"

张黎明的魅力也就在于此。他带领出这样一支队伍：他们坚守在一线，用救火般的速度去抢修电力故障；他们悉心钻研业务，用智慧和灵感发明出一项又一项专利；他们深入社区，用双手和爱心为居民解决了一件又一件难题……他们就是滨海黎明共产党员服务队，十一年来，用自己的汗水诠释着"黎明出发 点亮万家"的承诺，用自己的智慧书写着"服务没有最好，创新就能更好"的篇章。

27 新区有多大舞台就有多大

在张黎明的眼里，滨海新区有多大，这个舞台就有多大。在他看来，在很多时候，奉献是一种追求，可以使人思想升华，内心愉悦。此时，奉献已超越了物质，超越了自我，最终体现为一种崇高的境界。这种境界融入了滨海新区发展建设的情境里，会像一颗在渤海湾上熠熠闪耀的明珠，变得更加光彩夺目；这种境界融入滨海供电公司服务创新的情境里，会像一缕徐徐的人间春风，吹开美好心灵的花朵。

张黎明很欣赏孔祥瑞那句名言："在天津港，每名工人都有属于自己的舞台，只要你有能力，就会被发现，就会有施展的空间"，能够和孔祥瑞面对面交流技术创新的想法，也是张黎明最开心的事了。孔祥瑞也很欣赏张黎明那句已成为黎明共产党员服务队座右铭的话："工作着是快乐的，创新让工作更快乐。"

"我俩在这方面的理念是相通的。这么多年来，我就相信一个死理儿，要以情动人，以心换心，才能和自己的团队合力做共同的事业。"张黎明对我说，"我喜欢对年轻人讲：有时候，我们不知道为谁去工作，其实有一个答案不知你认可否？是为了快乐而工作。如此说，不是工作需要你，而是你需要工作。我们不只是为薪水而工作，更是为了成长而工作，成长比成功更重要！"

正是在张黎明这种理念的引导下，黎明共产党员服务队从组建至今始终坚持"把客户满意作为最高标准"。"多年前我也曾多次带队赴孔祥瑞操作队参观学习，并就班组建设管理经验进行重点取经。"张黎明告诉我，"孔祥瑞有一句口头禅：管理，管理，要'管'出水平，'理'出成效，对我的启发很大，我们学习了孔祥瑞操作队的班组管理经验，利用早会的时间，发动大家集思广益，创新提升了黎明共产党员服务队的服务水准，使广大客户真正地感受到了滨海电力人的风采。"

我问张黎明，黎明共产党员服务队和孔祥瑞操作队的共同点是什么？他想了想说："也许就是责任和奉献吧。"他告诉我，他喜欢"岂能尽如人意，但求无愧我心"，这句出自明代智者刘基的名句。这句话为后来许多名人所崇尚，像林则徐、邹韬奋等就曾将此书成条幅，悬于室中，引以自勉。

其实，伟人也好，名人也好，凡人也好，但凡来到人世间，都要在人生之路上行走，不管他能否名垂史册，都会在这个人生大舞台上留下脚印。人生在世，每个人都有每个人的精彩。相比之下，我倒更敬重那些默默无闻的劳动者。

我问张黎明，黎明共产党员服务队和张黎明创新工作室是个什么关系？他说，应当是互补关系吧。一个侧重为民服务，一个侧重企业创新。自张黎明创新工作室创立以来，秉持黎明共产党员服务队"黎明出发　点亮万家"的服务理念，坚持"服务没有最好，创新就能更好"的创新思维，短短几年，就将其打造成有志创新者的"头脑风暴场"，彰显了"育才孵化器"的良好效应，先后荣获"全国示范性劳模和工匠人才创新工作室""天津市十大示范性劳模创新工作室""国家电网公司劳模创新工作室示范点"等荣誉。

张黎明深有感触地说，工作室离不开国网天津市电力公司和国网天津滨海供电公司的大力扶持，成就的取得也得益于兄弟班组的支持。目前，一个"自主创新+融合创新"的"众创、青创、班创"的热潮在滨海公司班组蔚然成风，先后成立了"蒲公英""金种子""砺石"等十个班组创新工作坊，真正做到了真正让有想法的人更有办法，让有作为的人更有天地。

这次在滨海供电公司采访张黎明，我越发接近了张黎明的内心世界，滨海新区有多大，张黎明的舞台就有多大。我也接触到许多黎明共产党员服务队和创新工作室的成员。他们平凡，但却不平庸；他们有烦恼，但却不消沉。在他们心里，奉献是一种人生态度，不求索取，不图回报。在我心中，张黎明和他的同事就是一团火，在新时代，他们追逐创新梦想，每时每刻都在为传递光明和能量而燃烧着。

28　共同追梦的两个劳模

歌德说："所谓真正的智慧，都是曾经被人思考过千百次；但要想使它们真正成为我们自己的，一定要经过我们自己再三思维，直至它们在我个人经验中生根为止。"读歌德这句话，让我想到了两位闻名全国的劳模，一个孔祥瑞，一个张黎明。他们的智慧发明都凝聚着他们的心血和思考。他们的每一项发明专利的背后，不仅有成功的喜悦，更记录着艰辛和挫折。

"孔祥瑞是天津港的一名普通工人，只有初中文凭，在港口码头一干就是四十年。他是一名在岗位上自学成才、勇于创新的'蓝领专家'和2006年度'感动中国'人物。他当时的名气很大，但却为人谦和，这也决定了我们日后成了无话不谈的好朋友。"张黎明说，"他有一句很著名的话，'干，就干出个样子来'，对我的触动很大。我是诚心诚意向他学习的，他却提出我们两个队要共建，相互学习，相互帮助，相互促进。每年我们都各自到对方去参观学习两次。这已经成了一个不成文的规定。"

信任，自古以来，就是人与人之间搭建的一座沟通的桥梁。刘备礼贤下士，传"三顾茅庐"佳话，力请诸葛亮出山，凸显出一个"诚"字；魏征从谏如流、畅所欲言，得益于唐太宗的一个"信"字。故古而有"用人不疑，疑人不用"的佳话。我问张黎明，你和孔祥瑞之间，除了那种相互默契的信任之外，还有什么东西让你们走到了一起。

"追求，是追求。"张黎明毫不迟疑地回答，"古人云，道不同不相为谋。只有志同才能道合，说的就是这个道理。我和孔祥瑞都是工人出身，都在不同的岗位上从事着普通劳动者的工作。但我们却有一个相同的志趣，那就是喜欢琢磨身边的技术改造问题。这在许多人来看，也许是'多管闲事'，可我们却觉得，这是我们共同追求。"

就在几天前，在央视《时代楷模发布厅》现场，张黎明与孔祥瑞同台亮相，给我留下了深刻印象。当央视主持人刚强问及两人的人生格言时，两人的理念是何等相似。张黎明的是："工作着是快乐的，创新让工作更快乐！"

孔祥瑞的是："咱们工人有知识，有技能，才能有力量!"

由此，我想到与张黎明同在滨海新区的孔祥瑞也是创新能手。早在2001年，天津港冲击亿吨吞吐量，作为天津港最大的装卸公司，孔祥瑞所在的六公司承担作业量达两千五百万吨，要求十八台门机比往常要多干三分之一的活。经过反复观察和思考，他发现门机抓斗放料时，抓斗要先下降进舱，然后打开放料，再提升。在打开抓斗放料那一刻，会有一小会儿的停滞。于是，他尝试把抓斗打开放料和车钩提升的两个动作合起来，让抓斗边放料边提升。通过将操作杆移动轨迹由"十"字形变为"△"形，用一个指令控制两个动作同时完成。这一技术创新使门机每一次作业节省时间15.8秒，平均每天多干四百八十吨，当年创效一千六百万元。这一操作法被天津市总工会命名为"孔祥瑞操作法"，这个"金点子"已在全国推广。他主持开展技术创新项目五十多项，为企业创效六千二百多万元。在他带领下，孔祥瑞操作队里有多人获得全国技术能手和各级先进称号，成了一支技能型、知识型高素质的队伍。

几年前，滨海公司依靠这支团队与国内科研院所的力量，如中国电科院、国网电科院、天津大学等共同研究，攻克了许多技术难题，在生态城智能电网微网系统首次应用了分布式风光储联合能量管理技术，采用15千瓦×4h的锂离子电池作为储能设施，以照明和电动汽车充电桩等15千瓦负荷作为微网负荷，配以监控设施构成低压交流微网，通过并网开关与外部电网进行相连。上述这些技术在国际上尚未有大规模的应用先例，为打造成世界级的"智能之城"平台，引领国际"智能电网"的新潮流，打下坚实的基础。

在微网系统调度自动化平台基础上，他们开发出一整套微网能量管理系统，实现分布式电源优化控制、能量经济调度、可再生能源出力预测、无功优化和电压控制、需求侧响应、并网和孤岛转换等高级应用功能。这些技术很多都具有了国际领先的水准。

张黎明的国家专利：可摘取式低压刀闸，不仅缩小了低压停电范围，还将恢复送电时间由原来的四十五分钟缩短至八分钟，年创造经济价值超过三百万元。不仅如此，新型10千伏高压刀闸、急修BOOK箱、抢修挂钩梯、三防凉帽、安全空开拉合杆、易取工具车载摆放箱、井盖新工艺等一件件新发明新技术孕育而出，都浸透着张黎明的辛勤汗水和心血。张黎明创新工作室浓厚的创新氛围也吸引了越来越多的企业员工加盟工作室和创新队伍，以前，征集创新项目要靠登门动员，现在刚开始动员就收集到几十个项目，截至2018年5月，国网天津滨海供电公司依托张黎明创新工作室，通过创新奖励机制引领，培养一批人才：有六百六十一人提升技能、职称等级，其中二十一人获高级技师，一百二十七人获副高级职称；培养地市公司及以上级别专家人才二百人，其中国家电网公司级专家人才十七人。荣获一批荣誉：有八十人次荣获省部级及以上荣誉，其中九人荣获天津市五一劳动奖章。

这就是榜样的力量！

29　追求中涌动创新的浪花

说到榜样的力量，我的思绪又回到了2018年5月24日的“时代楷模”发布厅：天津港煤码头公司操作一队的老队长孔祥瑞、大庆油田1205钻井队的代表赵明涛、时代楷模张黎明齐聚发布会的场景，瞬间将“时代楷模”发布会推向了高潮。我不禁想到了两个大字“追求”！从大庆油田的铁人王进喜和1205钻井队，到天津港的孔祥瑞和孔祥瑞操作队，再到国家电网的张黎明和黎明共产党员服务队，享誉华夏的三代工人劳模，几十年如一日，扎根一线，用苦干、实干和巧干，承担起不同时代赋予产业工人的责任和使命。从他们身上，我看到的是新中国工人奋斗精神在薪火相传，我看到的是一代代工匠精神在传承。他们代表着新中国创业时代的筚路蓝缕，代表着中国崛起的决胜力量，也代表着国有企业服务社会的价值信念。

追求，这个字眼，人们历来都和励志联系到一起。有人说，追求就像那一浪高过一浪的碧波，勇往直前，威武而雄壮。当年，我曾久久凝神于海河入海口，遥望那片碧蓝的海湾，我心游万仞，也是一片辽阔。海河汇集了一条条大大小小的河流，奔向大海的怀抱，就像那斜拉桥上根根相依的钢索，一同释放着面朝大海的力量。

这不禁让我想到孔祥瑞操作队和张黎明创新工作室，他们在创新的大路上，挽起了臂膀，用大海赋予的力量，谱写着走向辉煌的最强音。这个力量就源于科技创新，因为，在知识的大海里，创新永远是不竭的力量之源。我相信大海的胸怀是包容一切的，承载着追求者踏浪的足音，创新的浪花是永不枯竭的力量之源。

那一年，孔祥瑞一行参观了张黎明创新工作室，对张黎明创新团队所取得的成绩给予了很高的评价。当得知滨海公司依托张黎明工作室，着眼“网式思维、链式管理、点式突破”三式原则，建立健全起“市公司创新孵化基地、公司创新工作室、班组创新工作坊”三级联运机制，从“要我创新”到“我要创新”时，孔祥瑞连声称这个方法好！

在双方的座谈中，孔祥瑞深有感触地说：“创新有时是一个孤独的事儿，思路主要靠个人反复的思索，碰撞出灵感的火花，然后集中大家的智慧。平日的生产活动中，不但要勤于观察，脑子里也要思考，看了张黎明创新工作室，我的感受更深了。”

张黎明告诉我，孔祥瑞有记工作日志的习惯，小本子随身带，设备出了哪些故障、什么原因、修理过程、注意事项等，他都记录在案。日积月累，一本本工作日志成为他搞技术创新的资料库。在这点上，他们两人有惊人的相似之处。

2009年4月，国网天津滨海供电公司黎明共产党员服务队与天津港孔祥瑞操作队签署共建协议，确立了两个劳模团队携手共建文明队，互相交流，取长补短，共同追求卓越。在《黎明共产党员服务队大事记》上，我看到了这样两条记录：

2009年6月17日，黎明共产党员服务队一行来到天津港孔祥瑞操作队参观学习。黎明共产党员服务队认真考察了孔祥瑞操作队的“自助餐式培训”方法和“孔祥瑞大讲堂”等技能学习经验，以及他们在管理创新和技术创新上的好做法。针对自身存在的不足之处。黎明服务队决定，以后要在创新思维、队伍建设、形象打造、流程规范、制度激励等方面狠下功夫，以尽早地将黎明共产党员服务队打造成为国家级电力服务品牌。

2010年2月3日，孔祥瑞操作队一行来到黎明共产党员服务队作现场参观和交流，两支团队就技术创新、团队管理、品牌建设等方面进行了深入探讨，并就两队合作共建活动继续向纵深推进，交换了意见。在参观过程中，孔祥瑞操作队的队员们面对黎明共产党员服务队布局合理，软硬件一流，科技含量明显提升的新办公区环境和面貌赞叹不已。在服务队工器具库房，孔祥瑞和队员们表现出浓厚的兴趣，仔细研究了滨海公司目前推广的可视化管理、定值定位摆放后，又与黎明共产党员服务队就技术创新、工人发明家等话题进行了深入交流。

孔祥瑞看到了张黎明创新工作室的这一个个“小发明”和“小制作”，很感兴趣。他当时送了张黎明四句话：“只要肯钻研，就一定有收获；只要肯坚持，就一定有进展；只要不满足，就一定有创新；只要去追求，就一定有卓越。”

30　要有更多的张黎明

在创新发展的路上，张黎明和孔祥瑞有着同样的追求，同样的热情。这也使得黎明共产党员服务队和孔祥瑞操作队加强了技术创新方面的交流，开阔了创新思维，增强了创新动力。张黎明谈到，孔祥瑞那年带领队员们来到黎明共产党员服务队，就合作开展新型高压刀闸的研制达成共识，并将共同申报科技创新项目，使两队携手共建早出成果。这条消息见报后，在滨海，乃至天津都产生了广泛的影响，人们都将目光聚焦在这两位劳模的身上。

张黎明在接受记者采访时说：“孔祥瑞在技术创新方面，一直是我们效法的榜样。多年前，孔祥瑞就领衔解决了门机因变幅螺杆与螺母摩擦热量过大而‘抱死’的技术难题；他主持研制的‘大型机械电缆防出槽技术’获国家实用新型发明专利；他带领科技人员先后完成了翻车机摘钩杆等八十多项技术革新，这都对我们服务队的技术创新提供了学习的样板。”

孔祥瑞在接受记者采访时说：“黎明共产党员服务队是完全服务于老百姓，服务于民生的。他们的电力抢修热线，接到百姓故障信息，黎明服务队不分昼夜，第一时间赶到故障现场，最快地恢复供电，我们非常感动。他们是为天津市委、市政府作劲儿，为老百姓办实事的。”

在人们看来，孔祥瑞和张黎明的名字，已不仅是代表他们本人，更重要的是代表着滨海新区，代表着新时期的产业工人。他们是人们心目中知识型、技能型工人代表和“蓝领专家”。但是在这些荣誉的光环下，他们也意识到，只有一个孔祥瑞，只有一个张黎明，是远远不够的，对于一个企业，对于一个城市来说，只有涌现成千上万个技能型工人和“蓝领专家”，这个企业、这个城市才能实现跨越式发展。

当年，有一艘船舶在塘沽入海口船闸附近抛锚，不慎将一条铺设这里的10千伏电缆刮断，造成了附近大面积停电。张黎明开着一辆抢险车火速赶赴现场，现场许多人正在为如何查找故障点挠头时，他却凭借《黎明急修案例库》，迅速判断出电缆断裂之处。为了保证周边电力的供应。他们在第一时间实施了环形供电，最大限度地减少了客户由于停电带来的巨大经济损失。在抢修队员的齐心努力下，他们用最短的时间修复了海底电缆，航道也及时得到了疏通。

张黎明谈到，是电力抢修一线，让他找到了一个创新的平台，最初的信念是做一个好的电力工人，一定要有奉献精神，而且不能怕苦。后来，他意识到，只靠苦干还不行，还要加上巧干，这就意味着要努力钻研理论知识，靠创新思维，寻求创新的路子。

当年，天津港码头有一台门式起重机的旋转大轴承出现异响，有可能是缺少润滑油，但也可能是重大事故的前兆。如果不拆卸进行彻底检修，门机就有可能瘫痪；如果拆卸下后发现没有问题，企业就会蒙受上百万元的经济损失。大家不知道是该拆还是不拆。孔祥瑞冷静地听了听响声，要求立即拆卸，结果发现滚珠已经散落出槽。门机的故障及时排除了，孔祥瑞“听音断病”的绝活也出了名。孔祥瑞谈到，是港口的装卸一线，让他找到了创新的突破口，只有初中学历的他，凭借着求知的欲望，他寻找到创新的门路。他是这样想的，也是这样做的，不停地探索，不断地追求，他才能一步一个脚印走到今天。

张黎明很早就看到了这一点：只有一个张黎明是不够的，要有更多的张黎明，要让黎明共产党员服务队快速成长起来，创新才能迎来百花盛开的春天。与孔祥瑞操作队签署共建协议以来，张黎明带领黎明共产党员服务队面向国家一流工作班组看齐，努力打造出服务经济社会发展、保障民生需求的电力服务品牌。在此基础上创办的“张黎明创新工作室”在技术创新上又有了多项新突破，成了滨海供电公司一道亮丽的风景。工作室已经形成了由劳模、专家及技术骨干担任组长的六个专家小组，聚集了一大批知识型、技术型、技能型、专家型的创新型人才。

如今，创新在滨海供电公司形成了一种风气，这种风气让滨海电力人拥有了无数的梦想，让员工们渴望自己的生活变得不同，鼓励员工去尝试做一些事情，从而把一切变得更美妙、更有效、更方便。

第七章 新时代的蓝领工匠

31 创新的人是有梦想的人

好的思路好比一颗火种，一颗火种总会点燃另一颗火种。这是我多次走进张黎明创新工作室之后的一种感慨。我想，创新是人类进步发展的必然过程，大到一个国家、一个民族，小到一个企业、一个人，缺乏创新精神，就注定一事无成。人类发展史无数次证明，一个善于创新的国家是有希望的国家，一个善于创新的民族是有希望的民族，一个善于创新的企业是有希望的企业，一个善于创新的人是有希望的人。

张黎明就是一个善于创新的人，我从与他的交往中了解到，他是一个思维敏捷，勤于思考的人。他一参加工作，就干起了电力抢修，积累了许多经验，也摸索了许多规律。许多人也许只是把经验用在了操作上，把规律仅仅当成了认识。张黎明却做到了，把经验用在了改进技术上，把规律用在了创新发明上。

张黎明当年的老领导檀庆宪如今退休了，用他的话说，平日也很少到黎明共产党员服务队来了，但他对服务队的感情分毫不差，也一直在关注着张黎明一点一滴的进步，听说张黎明创新工作室办得风生水起，也很高兴。有一天，他来公司办公楼办事，路过了“张黎明创新工作室”，还是忍不住进去看了看。他见张黎明正在用一个纸盒子做模型。一打听，原来是在做防鸟害侵袭电力线路的装置，俗称“三防凉帽”。

原来，黎明在长期抢修实践中发现，鸟害是危及输电安全的一大隐患。许多鸟类都喜欢在电线杆上筑巢，有的鸟不光会将树枝，草棍作为搭窝的材料，甚至会将地上扔的铁丝叼到电线上，这很容易造成线路短路。为了解决这个电力隐患，张黎明没少在这方面费心思。他时常会一个人对着成群鸟类盘旋的电线杆愣神，有时他甚至会登高观测鸟的习性。他发现飞机场声音驱鸟、果农的药物驱赶、电线杆的风扇驱赶，在大面积的鸟害面前都已不能奏效了，还会对鸟类造成不必要的伤害，若想让群鸟远离电线，只有采用新的思维模式，切实让飞鸟没有立锥之地，才是一个最可靠的方法。

创意想出来了，如何设计，用什么样材质，做成什么形状又成了大问题。张黎明结合电线杆防护的特点，首先想到了帽子的形状，开始用纸盒子设计了一个模型，让同事们帮助挑毛病，提建议。经过多次改进后，又用三合板做了个样品，安装到电线杆上做试验，效果很不错，不但可以防鸟，还可以防雨，防风。这也增添了他的信心。至于采用什么样的材料合适，张黎明也煞费了苦心。一开始用硅胶类的软材质，但发现冬季不耐用，就通过多次试验，选择了玻璃钢材质。张黎明还是不放心，又亲自跑到厂家咨询，得到了可以保质二十年的承诺，他的一颗心才落了地。这项为防鸟害、防锈蚀、防污闪的"三防凉帽"，经过多次改进，定型为"高压刀闸多功能防护装置"，并获得了国家发明专利，如今已经推广到了滨海公司和天津公司的许多线路上，不但可以使日常维护费用成本减半，还节省了大量人力，提高了安全性，最主要的是能让鸟类和线路和谐共存。

张黎明是个喜欢琢磨事儿的人。他的琢磨往往是定向的，那就是解决电力抢修难的"小发明"和"小创造"。很多熟悉张黎明的人都说，黎明师傅能将许多人熟视无睹的现象与创新发明联系到一起，从中找到规律性的东西，抓住突破口。服务队的张耀心有次对我说，我们队长有时会望着一个东西久久愣神，不用问，他一定又有新点子了。很多发明专利就是在这种愣神中，碰撞出火花的。他利用抢修后的闲暇时间，对抢修中出现的问题，都要进行梳理，都要琢磨个透。他的很多专利发明都是在这种情况下应运而生的。

张黎明在长期的抢修实践中发现，以往抢修人员，在安装绝缘刀闸防护罩时，通常采用停电安装的方式。这既为居民带去不便，又给抢修人员增加了负担，若要采用带电安装的方式，虽免去了停电影响，但带电作业车的每次出勤又会耗费不小的人力物力，两种方式都不是很理想。

张黎明就想设计出一种绝缘操纵杆，能在不停电的情况下完成防护罩的安装。这想法一露头，张黎明就组织队员们进行图纸设计和模型制作，在两个月不间断修改和完善后，操作杆试制出来了。为将防护罩一次性安装牢靠，绝缘操作杆主体设计成支撑杆、横杆、四根耙臂和两根叉杆四部分。抢修人员登杆，将防护罩置于操纵杆上，轻轻一推，防护罩就完全贴合安装在刀闸底座的表面，之后再向后一拉，拔出操纵杆，防护罩安装就顺利完成了。这项创新不仅能够使操作人员在安装防护罩时，有效地与带电部分绝缘，还可以保证操纵人员在安全距离内对防护罩进行安装操作。由于此发明安全可靠，实用好用，大家都夸赞这款操作杆是带电操作的“安全宝”。在张黎明的人生行走中，梦想再一次化为了现实。

32 张黎明的“创新三境界”

张黎明曾深有感触地说过：“创新的前提是热爱自己的行业，以探索的眼光来寻找每一个兴趣点，以乐观的心态来做每一次试验。你就会发现，创新的课题无处不在，创新的思维就在你的大脑，创新的成功就在你的身边。”

张黎明的学历不高，但张黎明却是一个爱读书，苦钻研的有心人。我在与张黎明的几年交往中，印象最深的莫过于他对人生的态度。他热爱自己的企业，热爱电力抢修工作，也热爱自己的创新团队。我从张黎明身上感受到一股浓郁的创新精神和思想境界。

张黎明说：“这几年开展创新工作，我有一个深切的体会，搞创新，第一位的，还是要有钻劲儿，在具体工作上遇到问题，不放过，下心思去研究对策，不解决不罢休；抢修现场遇到不顺手的事，想方设法改进、再改进，将不顺手的事干顺溜了。于是我一有时间就琢磨、动脑子，看哪里还能搞创新，这种创新感觉会上瘾，有时真的会忘了吃饭和睡觉。我绝大部分的创新成果就是这么来的。说到底，还是用不用心的问题。用心研磨，我们总能找到解决问题的方法，创新成果往往水到渠成。”

黎明共产党员服务队当初只有二十几名员工，可每一个员工的创新意识

张黎明依托创新工作室开展技术创新

都非常强，闲暇时间，他们总爱坐在一起，讨论如何解决工作中的难题。渐渐地，一些小发明小创造就解决了很多大问题，不知不觉中，他们创造了可观的经济效益和多项国家专利。

张黎明在谈到创新时，总忘不了与配电抢修工作结合起来。他说，在抢修一线，故障设备的定位和查找，往往占据了事故抢修的很多时间。我就在想，怎么解决这一问题？一次，我突然联想到电力行业“互联网+技术”的应用日益广泛，顿时有了利用这项技术的新想法。他召集服务队的青年骨干，将这个想法提了出来，鼓励大家出主意，谈设想。年轻人的积极性得到了充分的发挥，才华也得到了充分的展示，历时三个月研发，终于将“配电设备地图APP”软件开发出来，并将这款软件植入到现有的抢修移动终端PDA中，实现了配网设备的快速精准定址定位，设备定位时间大幅下降60%。真可谓，智能抢修，让抢修更高效。

张黎明还带领团队制定完善了《抢修服务一日标准化工作流程》，整合优化抢修服务流程，提高抢修工作效率。他们的“受理、行动、评价、分析”，即“AAEA”抢修管理模式，将高压故障的平均处理时间由原来的三小时缩短至一小时以内。

写到这里，我不禁又想起冰心老人那句脍炙人口的诗句：“成功的花，人们只惊羡她现时的明艳！然而当初她的芽儿，浸透了奋斗的泪泉，洒遍了牺牲的血雨。”是的，从来就没有人能随随便便得到成功。张黎明创新工作室所走过的路程，也浸透着当年创办的艰辛和困难。这里边有苦、有累、有汗，也有乐趣。

张黎明对我说，他很喜欢王国维《人间词话》中提到的“人生三境界”，并将之演绎为“创新三境界”。一为：独上高楼。“昨夜西风凋碧树。独上高楼，望尽天涯路”。他认为，技术创新是一件孤独者的事业，不光要面对征程上凛冽的寒风，还要耐得住寂寞。“独上高楼”，就要遥望目标，耐得寂寞。这是第一重境界，也是最基础的目标境界。二为：衣带渐宽。“衣带渐宽终不悔，为伊消得人憔悴。”他认为，技术创新是一件辛苦的事业，不光要励志，还要历经千辛万苦，有颗恒心。“衣带渐宽”，就要义无反顾，无私奉献。这是第二重境界，也是创新征程必须经历的奉献境界。三为：蓦然回首。“众里寻他千百度，蓦然回首，那人却在，灯火阑珊处。”他认为，技术创新是一件漫长而崎岖的事业，不光要吃苦，还要坚持。这是第三重境界，也是历经磨难，最终收获成功的美好境界。

当我用心灵与张黎明交流时，我的心灵也得到了升华。张黎明心目里的“创新三境界”，让我看到了平凡中的伟大。可我想说的是：平凡是一粒种子，当播撒之初，无人能看到它的未来。在国网天津滨海供电公司，我领略了无数个像张黎明这样平凡的人，平凡的事儿，正是这无数个平凡，于无声处绽放出时代的光彩和夺目的人生诗篇。

33　同事也是创新“合伙人”

张黎明创新工作室创建于2011年10月18日，是天津市首批成立的劳模创新工作室。当时，国网天津市电力公司有三家劳模创新工作室：城西供电公司的李保年创新工作室，城东供电公司的冯世运创新工作室和滨海供电公司的张黎明工作室。

这几年，依托张黎明创新工作室，滨海公司创新工作做得是风生水起，红红火火，工作室的辐射影响也越来越大了。我问过张黎明，你认为张黎明创新工作室最大的亮点在哪里？张黎明说："要说最大的亮点，应当是我把大家的积极性都带动起来了，工作室虽然用了我的名字，但成绩是大家的，他们都是我的'合伙人'，没有他们的鼎力支持与帮助，我张黎明走不到今天！"

多年前，我数度来过张黎明创新工作室，曾先后采访了他的好几位同事，谈起张黎明带着他们搞技术创新，他们的话匣子都滔滔不绝地打开了。张可佳告诉我，四年前，她正式来黎明共产党员服务队报到，老队员贾明辉带着她参观了服务队办公室和张黎明创新工作室。

"当我看到张队长那一项项专利成果，感觉很神奇，也很敬佩，原来劳模也并不只是活儿干得好啊。"张可佳说，"我刚到黎明服务队，发现这个团队是老中青三结合搭配。振山师傅都快到退休年龄了。赵建、杨伟华师傅比我们大一些。我和李晨、贾明辉属于年轻小字辈的。我们在张队长的带领下，氛围非常好。大家经常坐到一块，帮着张队长想点子，出主意。张队长在技术创新上是专家，看问题一向很准。我们在论证以振山师傅名字命名的'振山警示牌'时，他就提出，警示牌原来是挂在变压器上，需要寻找挂的位置，不方便，何不利用磁铁原理，将警示牌吸在变压器上，这样既简洁又实用。我们的很多研究成果，就是在这种议论中产生出来的。"

在张黎明创新工作室，我见到了一个不寻常的"工具箱"，外表看起来是个箱子，可打开一看却是一页页的"书页"，人称它为"急修BOOK箱"。日常，抢修人员所用的工具都固定在"每一页"上，用哪个就拿哪个，不到一分钟就可以取到凑手的工具。

贾明辉说起这项发明的来历，说："我们队长张黎明，特爱钻研，对事物观察力很强。平时遇到一些现象，别人看过也没放在心上，他却能琢磨出道道来。听说队长年轻那会儿就喜欢小改小革的，自打到了黎明服务队，他就越发热心起小发明，小创造了。我们抢修班原先出现场，工具、备品通常都零散地放在几个袋子里，到用时，要一件一件往外掏，还往往一时找不到。他就设计了一个拉杆式‘急修BOOK箱’，将工具和常用备件分门别类地放在适当的位置里。任务来了，像空姐一样，拉起箱子就走，干起活来，也方便多了。”

“以前我们装工具都用电工兜，装的工具很有限，有时，缺少哪件工具，也不容易被发现。”配电抢修班老师傅杨伟华说，“自从有了它，可方便多了。”

“急修BOOK箱”问世后，得到了广泛推广应用，成为抢修一线员工的随身宝贝，用过的人，都说好。好就好在这本“工具书”，乍一看平凡无奇，但翻开它，却有四溢书香，彰显了匠心和管理智慧。

“这个‘急修BOOK箱’是我们的小发明，也集中了集体的智慧。在研制过程中，服务队所有人都跑过来参与研究。第一版的原始样箱是用木头做的模型。后来经过集思广益，在材质上加以改进，解决了尺寸比例不对，折页不合适等问题，还加装了照明装置。”张黎明对我说，“在大家的共同努力下，这个‘急修BOOK箱’也是在不断改进着，连固定的带子也做了改进。先前的轮子小，路况不好时，容易把轮子卡住，我们就换成了大一点的轮子。先前对工具的归类不科学，我们就琢磨着合并同类项，既节省了空间，又方便使用。”

我问张黎明，为何会产生发明“急修BOOK箱”的想法？他说，现代社会，电的作用非常大，每个人都离不开电，对电的依赖性特别强。提高抢修速度就成了我们所追求的目标。先前我们一出去抢修，带的工具特别多，往往要从一个大的工具箱中翻腾，找自己需要的工具，很浪费时间，现在有了这个像书本一样的“急修BOOK箱”，每一个工具都有自己的“岗位”，拿啥都手到擒来，找工具不过一分钟，节省了不少时间。

“急修BOOK箱”定型后，受到了天津公司、滨海公司和参观者的一致好评，短短几个月间，先后有三十多家供电企业前来参观学习，对其实用性和可靠性给予了很高的评价。西宁供电公司的同行慕名而来，参观后很感兴趣，表示要引进过去。

我这次来滨海，张黎明高兴地告诉我，这款“急修BOOK箱”目前在兄弟部门和公司衍生了好多相似的产品。譬如将检修备用的集成电路板，分类装在专用的“BOOK箱”里，也为电路检修师傅减少了不少麻烦。这就从更大层面上实现了张黎明和他的团队“服务没有最好，创新就能更好”的理念。对此，张黎明并没有抱怨兄弟单位“偷艺”，而是欢迎模仿，在他看来，在行业内推广这个创意，提高了工作效率，开发了脑筋，利国利民，是大好事。

34 境界理念是创新的一翼

一直以来，我都很享受黎明中的大海风景。对风物来说，那是一种意境；对人物来说，那是一种境界。1986年，我来到了大连湾，那是我第一次看到大海的黎明；1992年，我来到了深圳湾，那是我第二次看到大海的黎明；2012年，时隔二十年之后，我在渤海湾第三次看到了大海的黎明。

那是初秋的一个黎明，我站在海河入海口处极目远眺，眼前一望无垠，碧波万顷。海风吹拂着我的发际，撩动着我的心弦，让我的思绪插上了想象的翅膀。我想，大海是包容的，大海又是博大的。大海的博大在于它千百年来生生不息的奔腾，不管岁月是多么的严酷，它都不会停下创新的前进脚步，对一个国家是这样，对一个人也是这样。

写到这里，我联想到了张黎明和他引领的创新工作室。在滨海新区创新发展的大潮中，他们也许只是一朵小小的浪花，但这些小小的浪花也是时代的缩影。共产党员张黎明，在国网天津滨海供电公司虽然只是一个科班出身的资深电力“抢修工”，但他在滨海新区，乃至全国的知名度都很高，以他名字命名的“黎明共产党员服务队”和“张黎明创新工作室”是滨海公司服务民生和创新发展的知名品牌，可谓家喻户晓，人人皆知。

早在五年前，张耀心对我讲，现在基本每个月都有几拨人马慕名来到黎

对使用工具、备品备件等实施6S管理

明共产党员服务队和张黎明创新工作室参观。他们主要是对服务队的志愿服务、管理创新，以及创新工作室的技术创新感兴趣，很多人不光拍了照，索要了资料，还主动要求与他们保持密切的联系，以分享他们的经验和成果。

贾明辉如数家珍地告诉我，如今在张黎明创新工作室，“小发明”“小创造”已经蔚然成风，像“振山式警示牌”“安全空开拉合杆”“易取工具车载摆放箱”等一件件发明专利都已经在全公司推广，有的还运用到了兄弟省区的电力公司，取得了很好的社会效益和经济效益。这一切都离不开张队长率先垂范，他把服务队当成了自己的家，把服务队员当成了自己的家人，他的那种精神和境界是我们的“滨海榜样”！

人生求索的路径可以改变，但追求却不可以改变。张黎明从事电力抢修工作这么多年，从来也没有停下求索的脚步，从黎明共产党员服务队，到张黎明创新工作室，更像是一次华丽的转身，将一个蓝领工匠的形象塑造得越发完美。二者的结合，让人们更加认识到创新对一个企业，一个员工来说是何等的重要。

张黎明对黎明服务队的同事寄予厚望，他要把服务队这个抢修集体，打造成一个科技攻关小组，一所人才培养学校。在他的带领下，服务队将多年来遇到的上万个故障进行梳理总结，分成六个类型，逐一进行点评整理，完成了家用漏电保护跳闸故障处理、巧用工具处理穿墙管线的故障、家用电路故障检查方法等四十多个典型故障处理案例的搜集工作，逐步形成了“黎明急修案例库工作法”。这些方法凝结着张黎明从业三十一年来的心血和智慧。

我在张黎明创新工作室看到的那本《黎明抢修百宝书》，不光有抢修“书”里列举的安全规程、注意事项和技术诀窍等已成为大伙抢修秘籍的内容，还包罗了志愿服务档案、示范点、联系点建设、抢修通讯录等便民服务指南。张黎明常说：“基层的服务工作也是一部大‘书’，只有读懂基层这本‘无字之书’，才能不断提升‘全心全意为人民服务’的境界和情怀。”

人们不禁要问，张黎明的创新精神从何而来？他带给人们的启示又有哪些地方？我思来想去，归纳为两个字：“境界”。对此，国网天津滨海供电公司工会主席杨绍中是这样说的：“一个人做点好事并不难，难的是一做就是三十年，黎明共产党员服务队至今也成立十一年了，这种坚持不容易，真的不容易。他现在虽然兼任了公司运检部配电工区的副书记，但他的工人本色没有变，他坚守一线的劲头没有变，他的创新精神和追求没有变。这就是一个人的思想境界所致，这个境界达到的高度，就是一个人能攀登上的高度。我坚信，未来的张黎明一定会走得更好！”

35　一个勇于创新的探索者

人生一世，是个不断改变的过程，从蹒跚学步，到万里远行，好像破茧化蝶，是否能将一个丑小鸭变成白天鹅，全在于自己的造化。从一个蓝领工人成长为一个蓝领专家，这其中的跨越不可谓不大。如果说，十几年前，张黎明的名字还在和一个电力抢修战线的劳模联系在一起的话，那么，今天的张黎明，已经成了集劳模与专家于一身的英模人物了。

张黎明的同事张可佳回忆说，黎明师傅在创新上的勤奋是发自内心对工作的热情，他是一个勇于创新的探索者。记得有一次她和张黎明一起到兄弟单位学习。在创新展示厅前，师傅停下脚步，专注地盯着对方职工的技术创新成果，眼神中充满兴奋。他拿起一个线缆固定打孔装置，翻来覆去地摆弄，还特意找来设备发明人沟通。回到单位没多久，这一装置的改进款就出现在了同事们的抢修工具包中，这让不少同事大为折服。

“在过去印象里，创新是实验室里科技人员的工作，没想到一线创新也能大有可为。”张可佳说，“张黎明创新工作室成立以来，还孵化出‘星空’‘蒲公英’等十个创新工作坊，培养出众多‘蓝领创客’，为企业发展培养了创新人才，经济上也创造了大效益。”

当今的时代，随着知识经济时代的到来和经济全球化的加速，科技创新能力成为一个国家实力最关键的体现。一个国家具有强大的科技创新能力，就能在世界产业分工链条中处于高端位置，就能创造激活国家经济的新产业，就能拥有重要的自主知识产权而引领社会的发展。同样，一个企业具有强大的科技创新能力，就能在同行业中处于竞争优势。全球很多顶级跨国公司，像福特公司、奔驰公司、西门子公司等之所以长期占据世界工业历史重要地位，主要得益于重视科技创新，重视科技人才，使之引领各自行业的发展。

在我们国家，改革开放的大潮，将国有企业推上了改革创新的平台，国网天津滨海供电公司适应这场大变革，提出了构建基于“五位一体”的“五个一”标准化抢修服务体系，就是要做到“一个用户报修、一张服务工单、一支抢修队伍、一次到达现场、一次完成故障处理”。这种服务体系也促进了电力企业创新的脚步。张黎明和他引领的黎明共产党员服务队和张黎明创新工作室也以其坚实的脚步，成了企业创新上的探索者。

“通过不断创新来提高工作效率，这也为投入志愿延伸服务提供了更多时间。”张黎明在谈到创新设想时，告诉我，“无论是电力抢修，还是创新发明，只要企业和居民都能受益，我们心中就有成就感，工作就是快乐的。”

如今，“谁抓住了创新思想，谁就会成为赢家；谁要拒绝了创新的习惯，谁就会平庸”。这句话已经成了黎明共产党员服务队的共识。在张黎明看来，一个有着思考创新习惯的企业，一个有着创新思维的员工才能把握机遇，才能拥有未来。

我在与张黎明的交往中，循着他这么多年来的成长轨迹，发现他从走进抢修班的那天起，心里就有了一个信念，当好一名电力工人，光有奉献精神和不怕吃苦的精神是远远不够的，还要有肯学习，善钻研的巧劲儿。在一线班组干了十年后，张黎明凭借过硬的技能和苦干的精神，被任命为供电所专责工程师。但他从来也没离开过抢修第一线，从来也没有离开过对技术创新的探索。十年后，他又重回生产一线，成了黎明共产党员服务队的队长。短短几年，他就将这支队伍带成了一个抢修一线的排头兵，技术创新的开拓者。

多年来，在队长张黎明的带领下，这支以电力故障抢修为职责的服务队，发明了“AAEA抢修模式”，将从接令到出车的时间由过去的十五分钟缩短到了五分钟之内。同时，经过近五百次现场实验，研制发明了易拉合高压刀闸，将刀闸拉合控制在了两分钟之内；将高压事故平均处理时间由原来的三个小时缩短到一个小时，甚至更短。他积极带领创新工作室团队开展“互联网+抢修”管理，依托“国网云”平台等优势，建立基于PDA终端的配电设备地理信息管理，加强班组精益化管理，将分散的配电设备数据信息化，通过云端统一收集管理，实现故障定位精准化，提高抢修效率一半以上。

我在与张黎明的交谈中发现，黎明共产党员服务队提出建设可持续发展的成长型班组，其核心就是高度关注抢修效率和质量，不断对工作方式方法进行创新和提升，以使黎明服务队始终占据电力抢修专业排头兵的位置。作为管理创新和技术创新的探索者，张黎明这么多年来，始终走在路上。

第八章 电力创客的梦之旅

36 从管理创新上要效益

人生的改变，取决于心灵的改变，从懵懂到省悟，从无知到有知，犹如凤凰涅槃，要经历漫长而痛苦的修炼，不忘初心，脚下的路方能走远。张黎明的电力创客之路，做到的是从管理创新上要效益，秉承的是“服务没有最好、创新就能更好”的理念，凭借的是有一种担当精神和为民情怀。

张黎明思想活跃，是滨海公司名副其实的“草根专家”，他在技术创新上有一套，在管理创新上也能别出心裁，出奇制胜。三年前的一天，我来到了张黎明创新工作室，当班的张耀心告诉我，他们队长去天津公司开会去了，主题也是有关管理创新方面的内容。我问道：“你们队长搞的那个‘AAEA’服务模式，我至今也没搞明白，你能给我解释解释吗？”

小张笑了，说：“‘AAEA’服务模式，说来也简单，特点就是抢修服务程序的创新，将先前的受理、行动两个步骤，扩展为受理、行动、评价和分析四步。这应当说是一个革新性的改变。将评价、分析环节纳入抢修服务的优点是可以将平日抢修的典型故障归纳总结，此后再碰到典型故障就可以将流程标准化，经过测算，可以将实施前的抢修时间由0.47小时，缩短到0.32小时。”

我豁然明白了，这个“AAEA”服务模式的四个字母，应当是代表了受理、行动、评价和分析四个步骤的缩写，我却差点让它搞蒙了。张黎明的过人之处就在于不是简单地将抢修工作当作任务，而是当作了责任。他的用心体现在他的责任感与使命感。目的只有一个，把看似复杂的问题变得简单起来。

张黎明将其自身的抢修经验无私地公开出来，为滨海抢修人员提供了许多方便。他从管理创新上入手，利用服务队队员每天的班前班后会，将日常抢修服务和交接班准备工作的时间节点细化，将工作流程优化整合，制定了

《抢修服务一日标准化工作流程》，从车辆、工具、材料的检查签字，到特殊运行方式交接；从运用“AAEA”对前日事故评价分析，到特殊故障类型是否符合引入标准；从熟悉操作现场，到接受新工作任务；从填写各类工作单，到综合整理上报，都丝丝入扣，一目了然。他还总结了《主动质量控制管理模式》，为客户的安全稳定持续用电，公司配电系统的健康平稳运行提供了坚强的保障。

当小张将张黎明的这些管理创新的资料拿给我看的时候，我不禁感慨起来，人们常把以厂为家，以公司为家，当作员工的一种境界。可在张黎明身上，我看到了另外一种境界：他对家的关心，远远不如对公司的关心；他对家的经营，远远不如对抢修班的经营。我到过张黎明的家，那是一个杂乱无章的空间。在他家里，我没有看到条理，没有看到整洁，甚至也没有看到舒适，但我在张黎明创新工作室看到了，我在张黎明的创新档案中看到了，这是何等的泾渭分明。

黎明共产党员服务队的特色更多体现在创新服务上。服务队将加强管理作为立队之本，成功施行6S管理工具办法，对备品备件以及车上的工具、材料实行定向置摆。这一举措有效地提高了抢修速度，为优质服务提供了又一有力保障。他们在“AAEA”抢修管理模式的基础上，结合服务队工作性质和特点，经过历时半年的开发设计，成功推出综合信息管理平台。平台涵盖服务队高、低压故障工单管理、倒闸操作票管理、物资流动性控制、月统计报表、班组建设等多个模块。模块的全覆盖化使得服务队管理水平得到了极大的提升。

黎明共产党员服务队管理模式的创新，引起了国家电网系统同行的兴趣，他们纷纷前来取经。国网天津市电力公司的分公司自然不用说，还有许多来自青海、湖北、浙江、陕西，吉林、辽宁、黑龙江、内蒙古、河北等省区的参观者。他们认为，黎明共产党员服务队运用精益生产管理思想，结合专业工作实际，通过设计、采用“案例推进型”工作模式，提升了队员业务技能水平，提高了电力抢修工作效率，为抢修工作标准化作业打下良好基础。

作为共产党员服务队队长，张黎明制定志愿服务二十四节气表，通过开展“五进”“节能互助　照亮邻里”等志愿服务活动，积极传播国家电网社会责任品牌，将创新成果转化为服务民生的实际行动，带领更多的队员在奉献社会中实现人生价值。

从管理创新上要效益，张黎明做到了，这得益于他的责任心和使命感。为了更好地服务企业，服务百姓，张黎明在管理创新上做足了文章。他在服务队要经常对完成的工作进行复盘，坚持利用班前、班后会总结分析，固化经验，形成抢修案例库、百宝书等。他说：“在我看来，作为一线员工，简单的事坚持做，用心做、做精就是专家。”

37　技术创新的排头兵

上次为写《黎明　我们出发》这部书，我曾和滨海公司时任党委书记任峰有过一次对话。我说：“管理创新和技术创新，这是国家电网一贯倡导的发展理念，近年来，在国家电网和天津公司也涌现出了一批工人出身的‘蓝领专家’。张黎明就是他们中间的优秀代表，您作为党委书记，怎么看待在滨海供电公司涌现的蓝领‘发明家’现象？”

“激发员工创新的思维，激活员工创造的灵感，激起员工的主人翁意识，提高企业综合效率，这是企业发展之本。提升效率的直接成果就是企业大步发展了，员工也得到了实惠。这是企业管理所追求的最佳境界。”任峰说，“蓝领‘发明家’现象在滨海的出现，从另一个侧面说明，我们员工的主人翁意识提升了。他们已经不再仅仅满足于本职工作，而且想在更大的层面去实现自己的人生价值，张黎明就是他们的杰出代表。我们公司党委就是要大力宣传推广这样的英模人物，让更多人迈入创新的道路上来，使他们成为滨海公司技术创新和管理创新上的排头兵。”

我茅塞顿开，这话真是说到了点子上。一个企业若有了像张黎明这样的

“蓝领专家”，就可以在更大层面上培养人才，提高企业的创新实力。看来高效的管理创新和实践中的技术创新，能够在很大程度上提升员工的积极性，这也是一个企业发展的不竭动力。大力培养创新型人才为企业员工提供了一个施展才智的大舞台，为蓝领“发明家”提供了一片成长的土壤，所以才会在这个大舞台上演绎出丰富多彩的国家电网人之歌，才会在这片土壤上生长出灿烂的创新之果。

张黎明是滨海创新发展的排头兵。他所带领的黎明共产党员服务队，与我先前所接触的许多电力行业服务标兵相比，其特色更多体现在技术“创新”上。服务队从组建伊始就对备品备件进行科学管理，车辆载运等实行了定置定位，对车辆加装了GPS定位和电脑索引线路图等。在他的带动下，服务队的“小改小革”已蔚然成风，这一件件小发明、小创造都是服务队在实践中总结研发的创新成果，先后有十余名员工获二十多项国家专利。

这些技术创新的成果不断涌现，不但提高了工作效率，也提高了员工的素质。创新为黎明共产党员服务队注入了健康成长的巨大动力。这些成果运用到工作中，每年就能为企业减少损失数百万元，给企业和居民减少的损失更是难以计算。如今，这种现象在服务队比比皆是。这充分说明了创新发展已经成了他们的共识。这是一种可喜的现象，标志着一个企业聚变式发展效应已经开始展现。

张黎明是个有心人，作为新时代的“蓝领专家”，他将管理创新和技术创新与黎明共产党员服务队的成长结合起来。张黎明在服务队喊出了这样的口号：“没有完美的个人，只有优秀的团队”，在他看来，一花独放不是春，万紫千红春满园。这体现出他要把这支队伍打造成“能够为同行业提供急修服务示范标准，提供电力紧急故障处理经验的专家型团队”的决心。

如今，张黎明引领的黎明共产党员服务队一如既往走在技术创新的道路上，与张黎明创新工作室形成了滨海供电公司技术创新的双翼，共同腾飞在滨海新区经济社会发展的天空。中央宣传部在授予张黎明同志“时代楷模”称号的决定中是这样评价张黎明的：“他勇于创新，先后实现技术革新四百余项，二十多项填补电力行业空白，是知识型、技能型、创新型劳动者的杰出代表。”这是对张黎明的最高褒奖，也是对张黎明技术创新的充分肯定。他这位技术创新的排头兵的成就源于不故步自封、敢于创新求突破，立足小改革发挥大作用的理念与实践。在他的带领下，滨海供公司先后孵化出“志鹏”“蒲公英”“金种子”等八个班组创新工作坊，培养出了一批“蓝领创客”。

这次来滨海，我惊喜地看到：张黎明将技术创新的目光投向更高更远的方向，针对能源互联网模式下班组创新建设的大趋势，张黎明创新工作室开展了带电作业机器人、无人机等研究和实践，在提高配网的智能化水平和带电作业效率过程中，力争在高科技研发领域有所突破。电力创客的梦之旅，正在一天天化为现实，我殷切地期待着。

38 怀抱创新梦想的达人

“人必须像天上的星星，永远很清楚地看出一切希望和愿望的火光，在地上永远不熄地燃烧着火光。”我曾多次引用过高尔基的这句名言，是因为我很喜欢这句名言，有点杜甫“会当凌绝顶，一览众山小”的味道。只不过一个出自浪漫主义，一个出自现实主义而已。

是的，只有站得高，才能看得远；只有怀抱梦想，才能走进未来。来到滨海，走近张黎明，我不禁又想到这句话。因为，在我眼里，张黎明就是一个怀抱梦想的人。他的梦想很简单，就是想把黎明共产党员服务队打造成为一支能打硬仗，勇于创新，服务企业，服务民生的队伍。为此，张黎明把心思都用在了工作上。

他深有感慨地说：“其实，我本人并没有那么大的能量，离开了组织上的关怀，离开了同事们的支持，我是一事无成的。这几年，我们服务队在各级领导的关怀下，生产环境和办公环境也得到了很大的改善，抢修车由两辆，增加到四辆，还增加了办公用房，为技术革新，创造了良好的空间。”

张黎明还告诉我，在黎明共产党员服务队的知识结构优化上，公司领导

依托张黎明创新工作室组织开展创新创效活动

也为他想到了，那一年，破天荒地给服务队派来了两位大学生。而在此之前，他这个技校毕业的中专生就是学历最高的了。难怪有人见到了张黎明，开着玩笑说："你这下子算是鸟枪换炮，兵强马壮了。"张黎明说："这下我的压力就更大了，我们只能以更好的工作来回报大家的信任和领导的关怀。"

黎明共产党员服务队成立的2007年，张黎明和他的同事不负众望，以积极践行优质服务承诺、真诚服务的优异表现，被天津公司、天津公司工会授予天津公司供电营销优质服务"明星集体"荣誉称号。2008年张黎明在天津公司技能比武大赛中，一展身手，荣获了个人第四名的好成绩。

初战告捷，坚定了张黎明管理创新和技术创新的新思路。他开始把他在黎明共产党员服务队的创新成果向公司其他部门推广。2010年，张黎明在滨海供电公司团委组织的首场"青年讲坛"上，向团员青年讲解"配电线路专业典型案例"。他将近年来从事急修工作积累的经验与大家进行了分享。讲座内容包括抢修实例、QC项目成果等，同时将工作实践中出现的典型案例和亲身体会讲解给大家，提高了青年员工在工作中处理问题的能力。在张黎明看来，黎明共产党员服务队作为国家电网业务末端的班组一线，在坚持国家电网“人民电业为人民”的宗旨和“你用电，我用心”服务理念，以精益管理夯实基础，以贴心服务塑造品牌，在管理创新和技术创新上是大有可为的。

张黎明的创新梦想更多体现在2011年创立的张黎明创新工作室上。对于如何在日常工作中弘扬和践行工匠精神，张黎明用了六个字概括：想为、敢为、善为。他说：“想为，就是要有责任心和使命感，体现用心；敢为，就是敢于创新求突破，立足小改革发挥大作用；善为，就是要有一种传承和担当精神，要有为民情怀。”

2015年11月，在滨海公司的安全生产分析会上，一个问题引起了张黎明的注意。他注意到在计量装置一千六百七十九次运维抢修工作中，有三百四十六次属于“用户在插卡输入电量时，购电卡不慎掉进表箱内需要开箱取卡”的报修。这样的报修滨海地区月均发生四百余次，一年下来就有近五千次。这个数据让张黎明很是惊讶，仅仅一个小麻烦，每年就要花费大量的人力、物力去处理，真可谓“小题”“大作”啊！

会后，张黎明几经思量，很快有了想法。他找来与购电卡同样材质大小的塑料硬卡片，将两张卡片用钢环相连，其中一张卡片为购电卡，另一张为服务宣传卡，上面印有网上购电和服务热线等便民信息，这样就保证了用户在将购电卡插入电表卡槽时，另一张卡在表箱外面，就不会再掉卡了。这对“孪生卡”很快就应运而生了。孪生卡投入使用后，效果非常好。有人算了一笔账，以每次出车及开铅封的成本二十元计算，这项创新小举措每年可为滨海公司节省数万元成本支出。进而推广到天津公司，乃至全国电网系统，那就更是蔚为可观的数字了。虽然这只是一个小小的创新，但却凝结着张黎明的创新理念和梦想。

张黎明欣赏《孟子·公孙丑下》中的至理：“天时不如地利，地利不如人和”；他熟知《孙膑兵法·月战》中的名言：“天时、地利、人和，三者不得，虽胜有殃。”他意识到，如今的滨海新区已经成了中国崛起的一个符号，关联着中国的未来发展。他所服务的滨海供电公司正逢历史发展的最佳机遇期：独领中国智能电网发展先河的天机；独享中国经济发展第三极的地利；共享滨海电力人携手并肩的人和。这就更加让他意识到肩上的责任，为了滨海的明天更美好，黎明共产党员服务队也在与滨海新区同行。

39 咱们工人有智慧

我在与张黎明的交谈中，始终感受到他身上洋溢出的正能量，这种能量带着新时代产业工人所特有的阳光和奉献精神，足以让我感动。我不禁想，天津滨海新区所处的环渤海经济圈如今已是继长江三角洲、珠江三角洲经济圈之后，中国经济板块乃至东北亚地区极具影响力的经济隆起带。与“长三角”“珠三角”相比，我国北方地区的经济起飞要稍晚了些，但在2006年，也就是“十一五”规划的起步之年，滨海新区乃至环渤海经济圈发展势头强劲，被经济界赋予了改变我国“南快北慢”经济格局的厚望。滨海新区作为区域发展的新领舞者，在区域经济、国家战略乃至东北亚和全球政治、经济、文化中的重要作用是尽人皆知的。所以，2006年的春天对于滨海新区和滨海供电公司来说，也是一个极不平凡的春天。

“也就在2006年的春天，滨海公司迎来了滨海新区发展的新机遇。那一年滨海地区投入的电网建设资金将接近十亿人民币，而在一年前投入的资金仅为二点七亿人民币。”张黎明告诉我，“那一年，滨海公司开展了‘迎接滨海大发展，自觉追求高水平’的大讨论活动。我还在塘沽分公司担任专责工程师，虽说离开了抢修班，但每天还是在和一线抢修打交道。我当时就在想，随着电网扩建和电网改造的步伐加快，抢修工作又将面临新的机遇和挑战，一是点多面广与人员少的矛盾，二是新技术新思维与传统做法和传统观念的矛盾。我有责任，让抢修队伍尽快适应这巨大的转变。”

张黎明从这时起，就开始了对长期积累的急修案例进行整理。因为他意识到，随着电网建设的发展，公司势必要面临新人多，经验少的局面，要未雨绸缪，用创新思维迎接即将到来的电网建设与改造的新势头。当务之急是要在提高效率，提高水准的前提下，在管理上创新，并制定出一套规范抢修服务标准化的流程，以最大限度地缩短抢修时间。

之后不久，张黎明亲身经历的一次抢修，让他更加坚定了这方面的信念。那是七月的一天，前一天的大雨刚过，塘沽郊区有多处10千伏配电线路和配电变压器出现故障。他们驱车近一个小时到达离事故地点五百多米的地方，汽车却无法前进了。原来，头顶上虽然是烈日炎炎，可脚底下却因为夜间的大雨，将小土路浇得泥泞不堪。于是抢修班的同志就背上工具及材料步行赶赴施工现场。

更换变速器保险时，按照操作规程，抢修人员登杆操作时，必须佩戴绝缘手套、绝缘靴、戴护目眼镜，使用绝缘棒登上变速器操作。这一操作过程一般需要四十五分钟左右。他们就这样跑了一处，又一处，一天时间就这样过去了。张黎明目睹了抢修人员奔波多处的辛苦，不由得产生了一个想法，能不能寻找一个途径，改变一下操作方式，让我们的抢修工不再冒着烈日，辛苦地登杆作业呢？这样既减轻了劳动强度，避免踩着带泥的绝缘靴子登杆的危险性，又提高了工效，何乐而不为呢？

几年后，我看到了这项发明成果就摆放在服务队的工具间里。这个“可摘取式低压刀闸”，使得这项抢修工作简单多了。这是因为，他们对传统跌落式开闸进行了优化改造，利用物理学重力跌落原理巧妙地将刀闸设计成可摘取式。

从那以后，抢修人员无须再登杆作业，只需用绝缘拉杆更换保险工作，不但大大减少了10千伏停电户数，缩小低压停电范围，而且对故障处理时间也由原来的四十五分钟缩短到现在的不到八分钟，既安全又省时。这项成果获国家专利并得到推广应用，仅这项小革新每年就可为滨海新区减少因停电带来的损失三百多万元。

张黎明一直有个质朴的梦想：“让六十多万户企业用户和二百九十万居

民想用电时就有电。”他常说创新的过程是快乐的，创新的成果会让工作充满成功感和获得感，这种成功感源自于能让百姓感觉不到停电，用我们的创新让百姓的生活质量不断提高。

2011年，“张黎明创新工作室”的应运而生，有效引领了广大员工创新创效，让工人的智慧得到了充分的施展空间。他们的创新思维源于日常工作的问题导向，源于百姓的切身需要，因而，创新工作室产生的巨大效益，不仅是经济上的，更突显的是社会价值。通过引领“班创、青创”活动，张黎明带出一批能力强、素质高，敢担当、善创新的人才队伍。

我想，每行每业都有志同道合者，若把这些人的梦想放到一起进行碰撞，就会碰撞出智慧的火花，就会产生无穷无尽的能量。在这一点上，张黎明创新工作室做到了。

40　这里的黎明静悄悄

清晨5时，我又像平日那样打开手提电脑，先是浏览一下网页，看一眼时下的最新资讯，然后开始一天之晨的写作。2018年，一进入5月，我就忙到了“一塌糊涂”，实在是因为这本书太“赶”了。一连十几天，我都在“日夜兼程”地把自己关在远离京城的僻静书屋里。写了一个时辰，我拉开窗帘，外面还是一片朦胧，往远望去，看得到近山笼罩在熹微晨光中，我突发灵感，将这一节的标题列为：“这里的黎明静悄悄”，倒还对自己的创意，有几丝得意。

我在梳理着创作思路，脑子在想，张黎明何以在短短十一年间，将一个以抢修为主业的黎明服务队开辟成为“蓝领发明家的土壤”？张黎明就像是一颗黎明的种子，将创新的思维和创新的活力播撒到了每个队员的心田里，让每个人都从内心萌发出创新的幼芽。多年前就离开黎明共产党员服务队的贾明辉至今仍对这个团队很依恋。我们坐到一起时，他说了一句发人深思的话：“我从张师傅身上看到了这样一个道理，很多时候，学历并不能代表一个人的创新能力，只有追求创新思维的头脑才会离成功最近。”

贾明辉还举了个实例来说明问题：那年，黎明服务队在夏季保电的关键时刻，对所辖区域进行了分类梳理，经过群策群力，创新提出了“布点式”抢修的方案。这个方案的侧重点是在重要保电时间段，在滨海新区不同位置布点，让抢修人员和物资随时待命，一旦发生突发情况，随时开赴现场，极大地节省了时间。黎明共产党员服务队通过这样的梳理优化流程，推行6S精益化管理，从接令到出车时间由过去的十五分钟缩短到五分钟之内，对高压事故的平均处理时间由原来的三个小时缩短到一个小时甚至更短时间。这件案例收录到了《黎明共产党员服务队大事记》里。

贾明辉的讲述提醒了我，我便顺口问了句：“我听说服务队的大事记，是从你这儿开始整理的，你当时怎么想起了做这样一件事情?”

我这次来滨海之前，陈丽羽就通过电子邮箱将《黎明共产党员服务队大事记》的电子版发给了我。我粗略地看了一下，这是一本内容翔实的大事记，用文字和图片记录了黎明共产党员服务队从2007年成立到2018年5月所走过的历程。起初我还以为是滨海公司领导组织人员编写的，来这儿才听说大事记最初是一个叫贾明辉的年轻人到服务队之后，主动记录下来的。他还利用业余时间，补齐了他来之前三年间所发生的事情。在他离队后，先后又有两位同事接过他手中的笔，像接力赛一样，将这个大事记延续下来，进而形成了今天这样完整的记录。

“哦，这是因为，我被我们队长的行动所感动了，我觉得有责任去做这件事，让后来的黎明服务队队员知道我们的老队长当年是怎么带领他的队员一步一个脚印走到今天的。”贾明辉带着激动的感情说了这番话。

说起来，贾明辉这个来自吉林四平的小伙子，毕业时间虽不长，但经历的岗位可不少。2007年大学一毕业他就来到国网天津滨海供电公司，先是在塘沽郊区所营销班工作，2008年调到郊区所输电工区做巡线工，他所在的那个班组是天津市电力系统的先进班组，他在那个优秀集体中得到了初步锤炼。一年后，由于他干得出色，被选拔进了黎明共产党员服务队。

在新环境里，小贾在很短时间内走过了由不适应到适应过渡期。随着时间的推移，他对黎明服务队的感情越来越深厚了。他不但为张队长那种创新精神和敬业精神所打动，而且还为他的人格魅力所倾倒。

“黎明共产党员服务队是个培养人的地方，我在队里一年多，就从来没看见他脸色阴沉过。即使遇到再大的坎，他也一个人担下了，从来也不会在同事面前表现出来。”他对我说，“他所做的一切，都是在默默无闻中进行的，很多事情，我都记忆犹新。突然有一天，我想到我应该把我所见到的一切都记录下来，让后来者知道，我们服务队走到今天是多么的不容易。”

“这些创新思维和创新经验太宝贵了。”贾明辉说，“我真怕那些同事在工作和讨论中迸发出的那些创新火花被遗忘掉。”从此，但凡黎明服务队发生的事儿，小贾都一笔一笔地记录下来，他也在记录中受到了启迪，受到了熏陶。

“当时，我作为新人，经常听队里老人回忆服务队创建之初时的往事。这也给了我灵感，我何不把2007年以前的大事记也补齐呢？”小贾说，“于是，我就利用一切闲暇时间，收集资料，还不耻下问，逐渐将队里创建之初所发生的事情记录了下来，形成了今天这样一个比较完整的记录。”

贾明辉从自己的工作中，找到了人生的方向。他也成了黎明服务队的笔杆子。他在做好日常工作时，还抽时间帮助张黎明整理出《黎明急修典型案例库》，将抢修工作中遇到的典型难点问题逐一整理、分类，还在此基础上总结出《黎明急修案例工作法》，这个工作法，让他进一步体会了张黎明在管理创新上的思考和敬业精神的风范。

张黎明就是在创新中行走，经历了电力创客的梦之旅，在他心中，一个更宏伟的目标正在酝酿。他知晓，汗水是咸的，而不是甜的，有一分耕耘，自有一分收获。人生轨迹可以改变，但志向却不可以改变，“条条大路通罗马”，讲得就是这个道理，你可以乘风破浪，也可以漫步雄关，但终点只能有一个。

第九章 追梦的“钢铁侠”

41 巡线巡出创新的决心

张黎明对我说，他是一个喜欢做梦的人，从儿时起就喜欢听评书看动画，那些天马行空的侠客，独往独来，总能吸引他的眼球。后来参加工作了，他的视野又从虚幻转到了现实，但想象的翅膀，在他心灵的天空翱翔，一直也没有折断。

“应当说‘配网带电作业机器人’的创意，是我这些年最为大胆的想象了。这与我长期从事电力抢修工作有关。”张黎明说，“我知道坐着斗臂车，穿着厚厚的绝缘服和那笨重的绝缘靴，穿梭在高压线之间带电作业的滋味。有年夏天，我们抢修班在塘沽抢修10千伏高压线，在上边一待就是一个多小时，等从斗臂车上下来，里面的衣服都湿透了，靴子里倒出了好多水。那时我就和年轻的同事说过，什么时候能有个‘钢铁侠’来助阵就好了。”

我深知张黎明说的是心里话，因为，前些年我为写《滨海，光电交响曲》，曾到过国网天津滨海供电公司带电作业现场。那是我头一次看到站在斗臂车上的抢修师傅，他们为了线路的畅通，从事着高空、高危险、高强度的“带电作业”，真为他们捏把汗。

所以，这次来滨海与其说是为采访而来，莫如说为“创享Ⅰ号”而来。早在几个月前，当我听说张黎明带领的创新团队与清华大学合作研制出了第一代“配网带电作业机器人”，心里别提有多高兴了。没想到许多年前，张黎明在抢修现场说的一句看似的玩笑话：“什么时候能有个‘钢铁侠’来助阵就好了”，竟变为了活生生的现实。当我站在这个“钢铁侠”面前，听着张黎明的介绍，我方发现，其实在他心中，早就有了研发“机器人”的情结。

“近些年，我一直留心国内外有关带电作业机器人的研究，但总是做一个旁观者，并没有想到亲手去做这件事。毕竟这是高科技的产物，作为蓝领工人似乎离开发机器人很远。”张黎明说，“不想，2016年的一次例行巡线，再次触动了我的神经，也促使我下决心依托创新工作室的平台，将研制‘配网带电作业机器人’提上日程。”

张黎明讲述了一次难忘的巡线。有一年7月的一天，他巡线时，路过10千伏153线路7分支1号杆，看到了带电班的班长邵桂彬正带着班员进行带电搭火作业。绝缘斗臂车上，两个工友穿着厚重的绝缘服、戴着笨重的绝缘手套在进行导线剥切工作。虽然那天上午有云遮挡，阳光不是很足，但没一会儿工夫，工人师傅额头沁出的汗水就已顺着脸颊淌了下来。两个小时后，张黎明巡线归来，已是骄阳似火。带电班的师傅们刚刚完成作业，个个都大汗淋漓，脱下防护服，整个人就如同从热水桶里捞出来一样。张黎明递上毛巾为邵桂彬擦汗，两个老哥们儿就站着聊了起来。

张黎明拍了拍邵桂彬的肩膀说："这大热天的，你们带电班的师傅们最辛苦了，还在用传统的绝缘手套作业法吗？这种方法对作业人员的要求高，危险性大，条件也很艰苦，就没什么新方法吗？"

邵桂彬锁紧眉头叹了口气，说道："哪那么容易啊，还得按老办法干，如今带电工作量很大，一年带电作业大约五百次，70%要带电搭火，每次都得穿那么沉的绝缘装备，剥完绝缘皮还得用搭火线夹固定，再用绝缘罩恢复绝缘。你看天这么热，干活不能给老百姓停电，作业的难度就更大了。你也知道，辛苦不说，高温湿热下对安全也极其不利。唉，真难办呀！"

"我听了邵师傅的话，不由得心头一紧，也有些自责。"张黎明说，"带电班的工友一年之中竟有这么多的时间在这种高危艰苦的环境下工作，我必须要为他们做一些事情。"

张黎明从那时起就暗下决心，再难也要摸摸这个"钢铁侠"的屁股。我了解张黎明，他不变的是工人的本色，想的是工人的辛劳，他最大的愿望就是让带电作业的同事从繁重的体力劳动和危险的工作环境中脱离出来。

张黎明在研究了现在广泛应用的各类带电作业操作法后发现，只要是由人来操作的，就无法避免带电作业危险系数高、作业条件苦这些难点。如何才能解决呢？当他读到几篇有关人工智能文章后，一下豁然开朗，若能将人工智能和带电搭火作业结合起来，由机器人来代替传统的人工，这样既提高效率，又解决安全问题，岂不是两全其美嘛。一想到这，张黎明一下就兴奋起来，觉得这是条可行之路，立刻着手研究起“人工智能”这个听起来十分高大上的新事物。

42 寻梦寻出机器人创想

那天，中央电视台记者恰好也来采访张黎明和他的团队研制“创享Ⅰ号”的情况。我们一道坐在创新工作室会议桌前与张黎明和他的同事座谈。这时我方知晓，目前带电作业搭火分两种方法：一是绝缘杆作业法，一是绝缘手套作业法。前者需三人仰视操作，双臂处于持久举杆姿势，累且不够灵活；后者虽是双手操作，但规范的绝缘手套需戴三层——线质、绝缘、防穿刺，厚重的手套使手指并拢很费力。穿的绝缘服，给人的感觉很像老式雨衣——闷不透气，包括手套也有这个感觉，摘下手套，汗水可以倒出来。按照国网天津电力运检部带电作业管理专责刘兆领的话说，“没错，是倒，汗会像水一样流出来”。

张黎明把希望寄托在研制带电作业机器人上。他说，关键是点子，我就想尽快把机器人做出来。那些天，张黎明满脑子都是带电作业机器人的影子，回到家，正吃着饭，产生了一个念头都要撂下饭碗用笔记下来。他爱人李海春对我说，有段时间黎明就像着了魔似的深更半夜也在翻资料，查信息，还和儿子探讨一些机器人机械臂的专业性问题。儿子学的是机械，天津大学毕业，父子俩谈得来。

在张黎明脑海里，最大限度减轻搭火作业人员工作量，降低危险系数，是他最为关心的问题。他了解到国内外也都在研制带电作业机器人，模仿人的动作进行作业，拧一个螺丝帽，这对人来说很简单，但对机器人来说就难了。国内外现有的带电作业机器人都是采用双臂的设计结构，也都没有真正实现作业人远离高压线的目标。在那种高空环境下，必须有人与机器人同在斗臂车上，这还是未能从根本上解决问题。

“我感到方向不对，国外的手操作业法和国内试制的机器人都不太实用。”张黎明说，“手操法是从日本和加拿大传过来的。之前，传统的绝缘手套作业法，导线用的是绝缘皮，应用时需剥离下来，这已经淘汰了。以前的作业方法是用手抓导线，从里边工作。为此，我提出了一个方向，写了一个思路要求。”

“一个好的想法总能吸引许多志同道合的人。”这是张黎明常说的一句话。几经酝酿，张黎明想到了团队的力量。张黎明引领的创新工作室和班组的八个创新工作坊作为两级联动的科技创新平台，为勇于创新、乐于创新的滨海电力人搭建了很好的平台。在一次工作室的月度活动会上，张黎明将话题引到他的机器人创想上。果然，一石激起千层浪，众人你一言我一语好不热闹。

配电的青工纷纷谈了近日琢磨的创新点，有的还在“金种子”工作坊的小车床上加工出实物，来验证自己的设想。带电班的韩立超说：“我们带电作业条件苦，在斗臂车上一干就得个把小时，师傅们太辛苦了。我就想，现在人工智能已比较成熟了，能不能做一个能干带电作业的机器人，替师傅们完成这些工作呢？”

“没错，”入职刚两年的王立国兴奋地说，“机器人可以避免出现人工误操作，提高安全系数，要真能有这么个机器人就太好啦！”

这些不谋而合的想法越发坚定了张黎明的信心，他高兴地说：“好啊，我这段时间也在想配网带电作业机器人这事呢。传统的带电方式不仅对我们作业人员不利，对老百姓们的生活也造成很大影响，由于作业时间长，斗臂车一占道就得一两个小时，本来就不宽敞的道路就更拥堵了，过往行人让干活的人也提心吊胆。咱要是让机器人去干活，劳动强度、安全风险就会得到大大降低，效率上去了，时间缩短了，供电可靠性更高了，对老百姓来说也是大好事啊。”

众人连连点头赞许，张黎明又说：“带电作业的目的就是少停电，电停得少了，百姓的生活质量自然提升，获得感也就强了。‘金杯银杯不如百姓的口碑’，我们是央企就得担负起更多的社会责任，活干得好，得到老百姓的表扬点赞背后，其实是对咱们党的称赞。说到底这就是咱们共产党员应有的为民情怀，我们要用实际行动为党争得好口碑！让咱们组成攻关团队，一起把这事做成吧！”

机器人应该是个什么样子？这是创新团队组建后遇到的第一个问题。一开始大家心里都没谱，因此研发团队进行了多次热烈的讨论。

2017年4月，在张黎明创新工作室的“配网带电作业机器人”设计研讨会上，几名青年员工争论得面红耳赤。

“采用人体工程仿生学的双臂机器人结构在进行导线剥切等作业时更加稳定，但是由于绝缘斗臂车的承重规定，这种双臂设计还是难以满足要求。”有位青年员工困惑地说。

“国内外现有的带电作业机器人采用的都是双臂设计结构，但都没有真正实现作业人员远离高压线的目标”，项目负责人韩立超说道。

“近距离操作双臂主从控制方式，称不上智能机器人。”有人说。

张黎明听了大家的看法，若有所思地说：“大家要打开思路，双臂不行可以改单臂，可以仿照绝缘杆作业法的原理。”顿时，创新工作室安静了下来，大家都在思考着这种方法的可行性，没过一会儿，工作室里就又讨论了起来。

几经讨论，众人结合自己的特长各抒己见，形成最初的设计构想，经过多方论证后，责成研发团队设计一款单臂结构，自动更换集合头的机器人方案。说干就干，配网带电作业机器人的研发工作由此拉开了序幕。

最初，张黎明带领团队成员四处查阅资料，到生产机器人的厂家参观学习，不断充实设计思路，转眼大半年的时间很快过去了，配网带电作业机器人也慢慢有了雏形，初步确定机器人由无线控制系统、智能路径规划系统、机械臂、剥皮工具、搭接工具等五大部分组成。

梦想距现实又迈出了一大步，但张黎明并没有盲目乐观，他深知研制配网带电作业机器人的路还只是迈出了第一步，严峻的考验还在前面。

43　创新路上的合伙追梦人

那天座谈会之后的傍晚，我们在创新工作室聊到很晚，后来去公司食堂就餐，我们坐下来，边吃边聊，话题还是离不开机器人。

到了2017年5月，配网带电作业机器人方案经过多次论证后，研发团队终于认可了采用单臂结构的机器人设计方案，与此同时，这个想法也得到了公司各级专业部室的高度认可，项目很快就进入到寻找合作伙伴的阶段。但由于突破性地采取了人在地面操作的方式，就对机器人在传感技术、识别技术、认知技术和路径规划方面的智能化水平提出了更高的要求。在寻找合作伙伴时，团队咨询过人工智能领域的权威企业，如谷歌、百度等，这些公司虽然在人工智能领域实力强劲，但在机器人制造领域却很少涉及，在经过多次筛选和咨询后，清华大学高端设备研究院作为智能机器人制作领域的资深单位，凭借其在利用机器视觉、自动规划、程序控制等方面有着成熟的经验这一巨大优势，最终脱颖而出。

“我把配网带电作业机器人的一些思路和设想，与几家科研单位搞课题对接，最后选择了可以满足我的这些要求的清华大学清研同创机器人公司和南瑞集团作为合作伙伴。”张黎明说，“我们之间一拍即合，他们明白，我们要做的是什么，如何做得更好。一是这种设计在作业时间和安全性能上都会有大大提高，二是工作环境好了，三是生产的成本低了。在国外，同类机器人的造价要三百万人民币，我们只用了二百万人民币，这是我们这台‘创享Ⅰ号’的造价。”

张黎明介绍说，这款机器人是为带电作业服务的产品，主要应用在10千伏高压线路上，这是电力抢修中特别重要的一项工作。以往的情况是，如果电网停电检修会造成很大的经济损失，为了不影响企业生产和人民生活，就只能是带电作业。就天津市而言，这种检修一年就要有上万次，电力抢修工人高空作业很辛苦，也很危险。从干上抢修工的那天起，我就一直企盼着有那么一天，有项革新成果能让抢修工人从这个繁重而危险的工作中解脱出来。我一直在想，什么时候，有台机器人来代替抢修工作业就好了。这个梦想终于要化为现实了，我抑制不住内心的激动，真想高歌一曲！

俗话说：“良好的开端是成功的一半”，但创新的过程也不会一蹴而就。时间到了6月份，研发团队反复研究剥切完的绝缘皮，发现由于导线存在一定的弯曲度，现有的两端环切配合三角形排列的刀具纵切的剥切方式，会导致刀口切割不均，以致绝缘皮有粘连部分难以脱落，这说明机器人剥切工具的效果还不理想。

张黎明发现这个问题后，立即组织创新团队召开研讨会，决定改变现有刀具的排列方式，将三角排列改为水平排列。更换完新刀具，大家满怀期盼，又一次进行试验，机器人将导线抓取住之后，整个实验室的空气仿佛凝固了一样，大家都屏住呼吸，好像喘口气都会影响到“独臂侠”的作业精度似的。在安静地等待了十几秒之后，随着导线上的绝缘皮应声脱落下来，实验室也欢呼了起来。创新工作室的人们怀着喜悦激动的心情，似乎忘记了已是凌晨两点，还在互相谈论着机器人的进一步改进。

配网带电作业机器人初战告捷也离不开合伙追梦人的紧密协同合作。在合作中，合作方也重新认识了国家电网，认识了张黎明。

“像国家电网这样的央企注重创新，并积极实践，绝对是一个创新的表率。”清华大学天津高端装备研究所副所长刘莉如是说。她认为，“创享Ⅰ号”这个项目就是典型的需求引领的合作成果。高端装备研究所的工作主要分为三个部分——特种机器人与自动化装备、仿人与仿生智能机器人、工业智能机器人及自动化集成系统。这款机器人的研制，跨三个板块，对他们而言挑战很大，好在开发过程中，具有丰富实践经验的张黎明和他的创新工作室与科研生产部门很好地实现了取长补短的优势融合。

对于张黎明，与他合作研发机器人的清华大学合作者的评价是：“他和一般工人绝对不一样。”在这些年轻的科研工作者们看来，这位老师傅颠覆了他们对“工人”的想象。

“比如这个剥离装置，厚度2.5厘米或3.4厘米的绝缘皮都能完美剥落。”清

现场调试带电作业机器人

华大学博士任书楠说，“国家电网一线员工有着丰富的实际操作经验，凭借实践经验，曾拿出多种方案，供我们参考，这些是专业工种才能想到的。”

“热融、旋转切割，甚至是否设计双臂模式完成剥离，这些我们都曾仔细研究过，并且每次报给研究室方案后，我们还会继续考虑，比如，双臂制约了降低成本，加重了承载车辆升高的负担。”滨海供电公司运检部副主任张昕回忆道，“自从张黎明创新工作室想出了解决的点子，半年多下来，企业和研究所双方密切合作攻克许多技术难关。”

“科技创新，应当正视一个问题——新时代，需要以企业为主体开展科技创新，因为生产实践者最懂需求。”中国电子信息产业发展研究院装备工业研究所所长左世全认为，“应当鼓励、倡导这种企业与科研机构的合作，尤其是一流领先企业与一流创新科研团队，强强联手，往往能够解决诸多未曾解决过的问题。”

“中国梦怎么实现？靠的是脚踏实地，靠的是责任担当。”张黎明深知，作为一名新时代的电力工人，不光要懂技术、精技能，还要不断创新。随着科学技术日新月异发展，设备和技术更新飞快，无论哪一个行业的产业工人，面对技术问题将不再是“做精做细”那么简单，而是要自主研发，实现“从无到有”，再努力钻研，实现“从有到精”。

了解到“创享Ⅰ号”研发的全过程后，我越发了解张黎明了。作为一名蓝领工人，他已经将本职工作做到了极致。在开发“创享Ⅰ号”之前，他已经获得了一位劳动者所有的国家最高荣誉：全国五一劳动奖章、全国劳动模范、国务院政府特殊津贴获得者。但他并没有就此止步，而是将科技创新作为继续追梦的动力。“创享Ⅰ号”的研发就是张黎明朝着更远梦想出发的起点，他又一次黎明出发，并朝着远方行走。

44　青创赛“钢铁侠”打擂

2017年4月的一天，张黎明正在创新工作室和几位同事商讨如何进一步改进机器人的功能，韩立超和王立国兴冲冲地走了进来，说：“师傅，国家电网要举办第三届青年创新创意大赛，咱们的带电搭火作业机器人很适合参赛，要不，咱们报名吧？”

“好啊，我也琢磨这事呢。”张黎明抬起头，笑呵呵地说，“我们这一段在‘金种子’工作坊里一直无法攻克的技术难题，借助这次青创赛的东风，就一定能有办法解决了。”

“师傅，那我们这个机器人叫什么名字好呢？”韩立超问。

“咱们的机器人若研制成功了，它可就是解决带电作业‘苦、累、险’的英雄了。”张黎明沉思了一下，说道，“要不就叫导线上的‘钢铁侠’吧？”

“好，这个名字豁亮！”大家一听都说妙，就这样，“钢铁侠”的大名就此诞生，“独臂侠”这个机器人也终于要从图纸上走出来了。

当年6月，配网带电作业机器人的项目研发进入到最关键的技术攻关阶段，同时为了赶上青创赛的发布展示，研发团队成员每天下班后都要在实验室工作到半夜，每个技术细节都要经过严密的论证，机器人的绝缘问题、配套工器具的设计、专用搭火线夹的研发，每个细节都饱含着大家的智慧和辛勤的汗水。

滨海供电公司参加青创赛的员工大都是年轻人，为了获得好成绩，那些日子他们可以说是拼了。一连几个月的加班都任劳任怨，毫无怨言，嘴边的话是："黎明师傅都没日没夜地干，咱还能说什么？"

有天晚上加班到深夜，吃夜宵时，王立国忽然问身边的韩立超："哎，立超，你刚结婚就每天不回家，嫂子能乐意吗？"

"现在是最关键时期，我可不能撇下我的'钢铁侠'不管啊！"韩立超说。

"哟，说得跟你的小情人似的！"朱文才打趣地说。

"咱们对它倾注了这么多心血，说是'情人'还真没错，可它不单是我的，更是咱们哥几个共同的情人呀！"

韩立超这么一说，大伙儿乐开了花，都说"对对对"！

无数个难忘的夜晚就是这么度过的。张黎明每天都和这些年轻人摸爬滚打，按他自己的话说，"也变得年轻了十岁"。那些日子，他不但要引领创新工作室的年轻人搞试验，还要与合作伙伴清华大学清研同创机器人公司和南瑞集团协调样机的试制和调试等工作。

几十天就这样匆匆过去了，当"创享Ⅰ号"的样机摆在了张黎明创新工作室时，张黎明的眼睛湿润了。他用手抚摸着那个黄色的机身和钢铁的手臂，眼前又浮现出多少年前情景：那年夏日，在抢修间隙，他作为抢修班长和几个新员工躺在荒郊野外的树荫下休息，他就对班员说过："我们的国家发展得这么快，我估摸着，用不了多少年，电力抢修工作也会机械化，自动化，实现无人值守，自动监控。遇到抢修任务，会有个科幻片中的'钢铁侠'来助阵，我们在控制室里看大屏幕，在大树底下晒晒肚皮就是了。"记得那个小青年还笑着说："张班长，您给我画了张大饼。"

如今，这个美好的梦想就要实现了，而且还是在自己手中亲手完成的，张黎明激动的心情就可想而知了。张黎明看着“创享Ⅰ号”，就像看着自己的孩子，怀着满心的喜悦，虽然疲惫，却满是欣慰，对他和这些年轻人来说，试验室的又一夜和衣而眠也都不算辛苦了。

果然，这个“钢铁侠”不负众望，经过天津公司预决赛的一路拼杀，顺利闯入国家电网第三届青创赛第一赛区复赛。那天一大早，张黎明带领三个青年选手走进第一赛区道具间。

张黎明：“文才，检查机器人上电状态，确认通信状态良好。”

朱文才：“机器人已上电，通信状态良好！”

张黎明：“立超，启动带电搭火作业程序！”

韩立超：“带电搭火作业程序已启动！”

在道具间内，张黎明指导徒弟们对“创享Ⅰ号”进行赛前最后一次测试，不出所料，机器人的各项功能均保持正常状态。上场前，张黎明再次叮嘱说：“你们三个都是全程参与了机器人设计、研发与制作的，所以在发布和答辩时，一定要从容自信，今天就看你们的了，小伙子们，加油啊！”

师徒四人言罢，将手叠加在一起，齐声喊出了“加油”二字。

以下是当时的时况实录：

9时05分　第一赛区A竞技场

主持人：有请第十五个项目进行发布展示。

大屏幕中未来创享N号科幻机器人形象闪现定格，“钢铁侠”项目的竞演正式开始。大屏幕上一段幽默诙谐的机器人与虚拟人物的对话过后，项目发布人王立国自信从容地走上舞台。王立国绘声绘色、声情并茂地为各位评委和观众展示带电作业机器人的设计理念、“四大利器”和成果成效。

王立国：无线控制系统、“鹰眼”视觉系统、独臂设计和全绝缘防护，就是我所介绍的“四大利器”……

随着王立国的展示，大屏幕中一组组数据、一张张照片、一个个视频跟随着发布人员的指令旋转跳跃，同时，在舞台下方，带电作业机器人配合着背景音乐的律动也在挥舞着手臂向大家致意。

王立国：以上便是“创享Ⅰ号”完成带电搭火作业的全过程了。通过传感技术、认知技术、识别技术及智能规划等的应用，实现了操作型机械设备向智能化机器人的跨越。

在流畅生动、精彩纷呈的展示下，台下的评委、观众都被“钢铁侠”深深地吸引，并频频点头。

9时12分　第一赛区A竞技场

“钢铁侠”项目展示完毕，现场评委们就带电作业机器人的成本、作业过程中如何保证相间绝缘等问题进行了提问。舞台中央，几位主创对每一个问题侃侃而谈，简练准确的回答打消了评委的疑虑。

最终，“钢铁侠”项目众望所归，以其先进的创新技术、不可估量的实际应用价值和推广前景征服了全场评委，获得了国家电网第三届青创赛四个赛区复赛的最高分——97.49分，杀入国家电网总决赛。

2017年11月15日，国家电网第三届青年创新创意大赛决赛落下帷幕，由国网天津市电力公司申报，国网天津滨海供电公司参赛的“导线上的钢铁侠——基于人工智能的配网带电作业机器人”项目荣获了大赛最高奖——金奖。

此时，作为党的十九大代表的张黎明刚刚参加完那次历史性盛会。他的耳边还萦绕着习近平总书记在党的十九大报告中所强调的“青年一代有理想、有本领、有担当，国家就有前途，民族就有希望。”

当看到自己的徒弟走上了领奖台，张黎明心里充满了骄傲和自豪。他和三位参赛选手紧紧地拥抱到一起，那激动的泪花是追梦的泪花，是圆梦的泪花。如果说国家电网青创赛是施展创新才华的舞台，那么，张黎明创新工作室就是一个承载梦想的平台，“创享Ⅰ号”的问世，就是梦想与现实的携手的果实。它们完美地结合，呈现了关于青春的无限可能。

45　让梦想走进世界智能大会

为了能采访到张黎明，我事先和国网天津滨海供电公司党建部的曹北建副主任打了招呼。但还是扑了个空。张黎明这些天正在忙于参加第二届世界智能大会和接受众多媒体采访。原本打算单独采访，可遇到了央视记者的临时插入，只好一道采访了。集体采访后，张黎明又带着记者去了现场。没办法，我们只好利用晚饭前半小时和晚饭后半小时聊了。

我和张黎明对坐在创新工作室的长条桌前，身边就是那台“创享Ⅰ号”机器人。我来之前，张黎明正在和他的同事对这个米黄色的“钢铁侠”进行调试，明天就要亮相在天津市召开的第二届世界智能大会了。

“我们正在着手对‘创享Ⅰ号’进行改进，为‘创享Ⅱ号’的研制积累经验。”张黎明信心满满地说，“未来的‘创享Ⅱ号’将会克服现有这台体积大、速度慢、不能完全智能的弱点。”

“太好了。”我说，“预祝你们能早日成功！”

“我们研制的第一代带电作业机器人已在实验室中实现带电作业演示，应用型第二代智能带电作业机器人正在开发之中。”张黎明向我介绍了工作室与清华大学、南瑞科技集团共同研发的“创享Ⅰ号”最新项目的进展情况，他说，“自从去年8月，公司领导让我主要负责管理机器人的研发工作，抢修现场去得少了，但我的心仍离不开抢修现场，毕竟大半辈子都在与电力抢修打交道，习惯了那热火朝天的场面。可我又转念一想，做机器人不也是在为电力抢修做贡献吗？如果我们手中的机器人能够减轻抢修工人的劳动强度，增加生产的安全系数，我也就知足了。一想这些，心里就充满了力量。”

2017年10月26日，张黎明刚参加完党的十九大，就风尘仆仆回到公司，将韩立超、王立国、朱文才三人召集到一起。他兴奋地说：“习总书记在十九大报告中明确提出要加快创新型国家建设，号召全党‘不忘初心、牢记使命’，这让我感到担子虽然很重，但更实了。就拿‘钢铁侠’项目来说，进决赛只是实现咱们的一个‘小目标’，大家千万别忘了研发带电作业机器人的初衷，是要解决带电作业中‘危险系数高、作业条件苦’等实际问题的。就目前来看，咱们距‘钢铁侠’真正的现场实用化还差得远呢！”

“师傅，听您这么一说，还真在理。”韩立超笑着说，“看来，革命尚未成功，我们还得努力啊！”

“你们看‘钢铁侠’，目前是个1.6米长，240公斤重的大块头。我们在之前的实际场景测试时已经发现，机器人的控制柜和电源箱存在与带电体安全距离不足的问题，虽然我们喷涂了绝缘漆，但还是有隐患。下一步，我们还要对如何将机器人小型化、轻量化，以及如何优化布局，以达到电池容量与续航能力的最佳配比等问题进行攻关。”

“没错。”王立国说，“下一步，我们就从这些地方下手，尽早让我们的‘钢铁侠’大显身手。”

“对。”朱文才也踌躇满志地说，“实践证明，搞带电作业机器人，也并没有那么可怕，一道又一道关，我们不是都闯过来了吗？”

“习总书记在十九大报告里说，要建立以企业为主体、市场为导向、产学研深度融合的技术创新体系，促进科技成果转化。这话说到我们心坎上了。”张黎明满怀憧憬地说道，“接下来，我们要加强与清华大学、南瑞集团等学研机构的深度合作，通过制定相应的行业技术标准，尽快促成机器人的市场化应用，并产生一批科技成果。未来，绝缘斗臂车上升起的将是智能程度更高、作业种类更广、兼容协同更强的新一代‘钢铁侠’，创享Ⅱ号、Ⅲ号……只要咱们敢想敢干，这些在不远的将来都是可以实现的，我相信，这种基于人工智能的机器人技术将彻底变革带电作业方式。”

“师傅，这下我们就更有信心了。我们再加一把劲儿，把中国工人的创新成果拿到世界智能大会上去，让外国人看看，还是我们中国工人有力量！”韩立超信心十足地说。

2018年5月16日，第二届世界智能大会在天津隆重开幕。张黎明和他的创新团队发明的“创享Ⅰ号”带电作业机器人在大会上一亮相就受到了会场内外的广泛关注。人们惊叹这位蓝领工匠的闯劲和创新精神。这款能听懂天津话的作业指令，靠无线控制的机械臂可带电对高压电线进行检修，替代人工进行高风险、高强度、高空带电作业。它的问世彻底颠覆了世人对蓝领工人的印象。

带电作业机器人在现场测试

张黎明在会场内外一直关注着当今世界最新的机器人发展的新动向。在世界智能科技展厅的科研与创新、智能制造等主题展区，他流连于各种智能机器人展台，去寻找灵感，去交流磋商。在他的心目中，用双手“开启智能新时代”是他追求的快乐人生。

作为基层的“蓝领创客”，张黎明和他的团队把目光聚焦于工业4.0的高精尖技术上，他们与清华大学等高校、科研机构等开展交流合作，合力研发的“基于人工智能的配电线路带电作业机器人”项目投入使用后，仅在天津市每年就可节省各类费用1277万元。

与他一起合作研发的清研同创机器人天津公司的李振华说：“我其实挺惊讶的，张师傅在第一线的时候，不只是把这个工作简单完成好，他一直时刻想着去改进改善工人操作方式，他脑子里时刻有这么一个信念，一种创新热情，一种持之以恒的精神，就没有克服不了的困难。”

第十章　创新中的人生之美

46　一个以创新为美的人

在人们印象中，一提到劳模，眼前就会出现时传祥、王进喜、张秉贵、郝建秀的形象。他们在久远的年代，以艰苦奋斗、艰难创业的拼搏精神，以淡泊名利、默默耕耘的“老黄牛”精神，以甘于奉献、乐于服务的忘我精神，感动了整整几代人。在他们身上体现的是坚定理想信念、无私奉献的行动和爱岗敬业的主人翁精神。如今，这种信念，这种行动，这种精神，正在新一代劳模的身上体现出来，我这本书的主人公张黎明，就是新时代劳模中的杰出代表。张黎明一直是在以自己的信念、行动和精神感染着身边的人，鼓舞着身边的人，激励着身边的人。这是我在多次采访张黎明之后所得出的结论。

张黎明身上不但凝聚了那个年代劳模所具备的基本素质，而且同时又具有新时代的显著特征。作为一个知识型的“蓝领工匠”，他正从“出大力，流大汗”“苦干加巧干”的苦干型，向知识型、创新型方向转变。这与我们科技创新迅猛发展的时代潮流相合拍，也与我们国家抢抓机遇，实现中华民族伟大复兴的中国梦相连，因为，每一个时代所推举出的劳模，都代表着那个时代的先进生产力和健康向上的力量。

张黎明是一个以创新为美的人。时任国网天津滨海供电公司党委书记任峰多次和我谈起过张黎明的创新情结：“张黎明总是在想着变革，在公司科技创新方面起到了引领作用。譬如，见到老旧社区楼道照明难，就想起了发起‘黎明出发　点亮万家’惠民志愿行动；见到线路由于鸟类侵袭，造成了停电问题，他就想起发明的‘小凉帽’；见到员工带电作业既辛苦，又危险，他就想起了研发‘创享Ⅰ号’机器人。他创新思维的前提，是有一个为民的情怀，有一份敢于担当的勇气，有一种甘于奉献的精神。这才是张黎明创新的原动力。”

“奉献是一种信念，指引人生前进的方向；奉献是一种态度，诠释为事业而奋斗的誓言；奉献是一种牺牲，让人全身心付出不求回报；奉献是一种追求，使人思想升华，内心愉悦。”这是张黎明说的一句肺腑之言。在他心中，父亲那一辈人的奉献精神，给他留下了深深的印记。

还在他儿时的时候，他就目睹了父辈双脚走天涯的那种人生履历，中建六局是中建总公司旗下的国有大型建筑综合企业，涵盖了建筑工程设计、施工、机电设备安装、装饰和技术咨询等业务。半个多世纪以来，父辈们转战南北，角逐海外，和家人从来都是聚少离多。张黎明还记得当年他刚参加工作时做工人技师的父亲对他的嘱托：“黎明，咱们是工人家庭，是靠劳动来吃饭，要记住，人来到这个世上，谁也不欠我们的，干工作要与人为善，不要患得患失，要对得起自己的良心。”这句话朴实无华，但却一直记在他的心头。这么多年，他一直就是这样走过来的。

父亲退休后，由于常年劳累，身体不是很好，可他却一直保持着乐观的生活态度。张黎明坦言，他受父亲这方面的影响很大，所以，无论平时的工作多苦多累，他都能想得开，对生活，他充满了阳光，充满了期待。他对我说过这样的话：“人生的每一刻如果都充满了创造性，那么这个世界就会无穷无尽地丰富多彩。只要你心中装有一个清清楚楚的追求，你内心向往的每一样事物都会来到你身边。虽然勤勉不能保证一定成功，但它可以保证你去努力，去尝试。”

张黎明就是以这样的人生态度来从事自己的本职工作的。做抢修工作，他兢兢业业，起早贪黑，吃苦耐劳，得到了公司上下的一致肯定。1998年，他凭借过硬的工作技能和良好的工作作风，被任命为线路专责工程师。原本只是要做好自己的具体工作，现在却要负责抢修工作的现场组织和调度。刚刚变换了工作角色，他就迎来了一场又一场严峻考验，并出色地完成了一个又一个艰难任务。正当他在专责工程师岗位上做得风生水起之时，组织上又将新组建的黎明共产党员服务队交到了他的手上。张黎明又不辱使命，把黎明共产党员服务队做成了滨海公司和天津公司的标杆。如今，他引领的张黎明创新工作室又走在了国家电网科技创新的前列。

当张黎明荣获了全国劳动模范、全国五一劳动奖章、国家电网劳动模范、国家电网“十佳服务之星”等一系列称号之后，有人劝他急流勇退，说：“黎明，该得的都得了，况且都奔五的人了，别干了！”张黎明却自有他的想法。他对我说：“我从参加工作的那天起，就不是为了荣誉拼命工作的。干好工作，这是父辈和师傅们留给我的榜样力量。干上抢修这一行，我就把它当成了责任，当成了乐趣，我喜欢干抢修工作，喜欢搞科技创新，就像一个战士一样，喜欢上战场拼搏，来实现自己的人生价值。”

这个人生价值在哪里？当选十九大代表后的张黎明是这样解读的：“听习总书记讲话，有二百零三次提到人民，以人民为中心，人民的利益高于一切，这对我们来自基层一线的代表是巨大的鼓舞。弘扬劳模工匠精神，说到了我的心坎上。每一代人都有每一代人的梦想。历史进入了新时代，作为蓝领工人，从老一辈那里传承的是艰苦奋斗的精神，而今，要在此基础上，更多的是要创新创造，发扬工人阶级的主人翁精神，施展一线蓝领工人的智慧和才智。”

47　期待创新是幸福的

“工作着是美丽的”这话说得是何其好啊。张黎明和他的同事们正是凭借着这种精神，爱岗敬业、忠诚企业、服务滨海，在平凡的岗位上做出了不平凡的业绩。这让我想起，2011年，我来滨海时与他的一次见面。那年夏天，我和许多作家和记者重回滨海新区，主要是为了采访中新天津生态城智能电网综合示范工程。在完成采访内容后，我和几位作家又一次来到了黎明共产党员服务队。

我们参观了张黎明创新工作室发明的最新成果。当我好奇地问张黎明：“你是怎么想出这么多点子的？”他笑了笑说：“也许这是一种期待吧，总是觉得要把工作做好，就要有创新，有发现，有突破。”

张黎明这句看似随意的话，让我把来滨海采访所亲历的场景联系了起来。尽管我这次眼中的滨海都熟悉了，没有了先前那般惊奇和震撼，一切似乎自然而然了。有人告诉我说，2011年滨海的GDP总量超出浦东已有千亿元之巨，在一年前，这个差距也只有二百亿元人民币。当时在场的著名散文家韩小蕙对这个数据感到很惊讶，她回去之后在《光明日报》载文说："现在，由于过度滥用，'震撼'一词已变得稀松平常，一点都没有了'被强烈摇动'的感觉。可是在天津滨海新区，你真的是确确凿凿被'震撼'了，不用这个词，简直就无以表达你内心的波澜壮阔。"

如今，滨海新区就像是一艘加足燃料的巨轮，乘风破浪，将许多曾经并行的巨轮甩在身后。由此，我便想到了"燃料"一词。我作为一个创作电力工业题材报告文学的作者，深知在滨海这艘巨轮高速前行的背后，凝聚着多少滨海电力人的心血和汗水。所以，我想起了一句收录到我的散文集《窗外窗内》中的话：

期待也许是幸福的。夜阑人静时，当我踏着月华，踏着潮声，默默地在

张黎明带领队员处理电缆故障

海滩上踱来踱去，看着大海的变幻，想象着明日晨光时，那燃烧的朝霞便染红了我的心胸。我不眠的心，张开一叶帆，在迎候着大海的黎明。沙滩、雪浪、涛声仿佛都贮满了热烈的期待。这种感情是看惯海上日出的人所无法领略到的……

张黎明的期待，对他而言是幸福的。有期待才会有追求，有期待才会有探索。有次采访黎明服务队，张耀心就对我说过这样的话："我的感觉，他是一个特聪明的人，在生活中很粗，在工作上很细，尤其在管理和创新方面，细得出奇。我时常看到张队长坐在创新工作室对着一个物件，目不转睛地端详上一两个小时，过不了多久，他准会琢磨出一个新鲜点子来，很多'小发明''小创造'都是在这种状态下出来的。"

她告诉我这样一件事：多年来，配电抢修人员经常会碰到这样的问题，当遇到架空变压器低压侧保险片熔断、低压刀闸损坏等故障时，抢修的同事需要在低压侧某一相故障点两边无遮挡情况下进行抢修，这就很容易碰到两边的带电部分，严重威胁人身及设备安全，同时还会造成电弧烧伤及设备损坏故障。

张队长看在眼里，就反复琢磨解决的办法。他多次实地考察，并将相关资料带回来，和工作室的同事一道攻关。他带领大家从人员保护配置技术角度研制了新型防护装置，该装置具有半封闭式结构，由绝缘挡板主体、绝缘布及固定闭锁等部分组成，通过绝缘挡板上特殊角度的平行四边形槽将其固定在台架上。具有防触电、防坠落、防造成故障等多项功能和结构简单、安装方便、不易损坏、安全可靠等优点。使用后可以杜绝人身触电事故的发生，提高安全可靠性，避免发生人为原因造成的短路故障。

现在这种"架空变压器低压侧台架上的新型半封式防护装置"已在滨海公司投入了使用，并逐步在天津公司和国家电网其他公司加以推广。这种装置的特点在于将故障点封闭起来，使抢修人员在封闭的空间作业，与外界有效隔断，确保了抢修人员的人身安全。

"我不知道他的点子怎么会那么多？对同一类的现象，他可以从不同的角度，研究出几项专利，还各有各的特点。”张耀心对我说，“张队长就是那样一个人，工作中总是充满了好奇心，甚至是童心。在他看来，抢修工作和科技创新就是一个快乐的过程。”

对科技创新的期待，让张黎明插上想象的翅膀。在他看来，创新不怕小，解决工作中的实际问题，就是创新；创新不怕大，要敢想、敢干，不怕失败。张黎明说：“这才是新时代产业工人该有的样子！”

张黎明从一名普通工人成长为电力行业的蓝领工匠，绝不是偶然的。在我看来，他的创新动力来自对事业的专注，来自对工作的热爱，来自对追求的执著，来自于知识的积累，来自于勇于担当的斗志，来自于薪火相传的工匠精神。在他身上，我看到了坚守职责、践行使命的中国工人本色。

48 做个善解人意的智者

“追求卓越，创新发展”是张黎明引领黎明共产党员服务队前行的既定目标。在张耀心的眼里，张黎明并不像一个普通的服务队队长，而像是一个领兵打仗的指挥官，无论是班组管理，还是技术创新，他每一项工作都做得井井有条，有板有眼，不但是走在了滨海公司、天津公司的前列，而且还走在了国家电网的前列。

“我在黎明服务队属于内勤，耳闻目睹了一个劳模所走过的路，的确学到了很多知识和做人的道理，因而，受其感染，我上进的劲头也很足。我们队长学历并不高，但靠自身的努力，在配电方面的理论很强，知识面也很广，是我这个大学生学习的榜样。”她告诉我说，“2012年，天津总工会准备在全市推广劳模创新工作室，建议孔祥瑞操作队来张黎明创新工作室参观学习。孔祥瑞和天津港的工会主席亲临国网滨海供电分公司，与张黎明又进行了面对面的交流。两个劳模团队坐在一起，畅谈创新发展的体会，场面非常热烈。我发现两位队长的口才都非常好，说得句句入理，字字贴心。”

“小张，说说看，你们队长哪些地方对你影响最大？”我好奇地问，“几天来，我耳边听到的大都是他如何敬业，如何创新，我想知道他的另一面。”

“哦，是这样。我从张队长身上，最主要学到的是做人的道理。您都看见了，他永远都很阳光的样子，每天都笑呵呵的，但是，我们知道他也不容易，平常做了那么多工作，干了那么多好事，也获得那么多荣誉，但是‘人怕出名，猪怕壮’。他这么卖力地干工作，也会遇到不理解，甚至是嘲讽。对此，他都不解释，也从不发牢骚，像没事儿人似的。”张耀心说，“只是有时我们觉得不公，为他抱不平。”

她告诉我，很多时候，他们服务队队员也能感受得到这方面的压力。譬如会有人说，黎明服务队的平台好，但凡有好事，都让你们占了，我们咋干，也没戏。很多时候，他们的辛勤付出，也并非所有人都能理解的。在一些人眼里，似乎既然是黎明服务队，又是名声在外的典型，就应当什么都干，什么都得奉献。

“你能说得更具体吗?”我说。

“我们去社区主要是做志愿服务，对象是老弱病残者，日常一般家庭维修电源的事情，应当由社区物业处理。如果我们什么都包了，不仅做不过来，影响正常的业务，有时还会引起矛盾。但有的时候，碰到不理解的人，只要你一解释，什么讽刺挖苦的话就都上来了。”

“你们队长是如何看待，又如何处理的呢?”我看着她，想找出答案来。

“我们队长当然有大将风度了。”张耀心笑了笑，说，“他经常告诫我们，要正确处理这类的矛盾，但凡我们力所能及的，多做点也没什么，吃苦、吃亏、吃气、担风险，也没有什么。他经常提醒我们年轻人，要有颗平常心，将心比心，别求以心换心，只要问心无愧就够了。”

我点着头，表示赞同。与张黎明这么多年的交往，我的印象中他确实是个善解人意的智者。这也是张黎明成功人生的重要元素。

“张队长的这种大度，让我受益匪浅。有一天，他对我讲，人要有一颗平常的心，一个人来到这个世界上，没有人欠你什么，你也不要指望别人的施舍。人要有一颗感恩的心，一个人生活在这个世界上，大多时候都是在享受别

滨海黎明共产党员服务队走访慰问孤寡老人

人的服务，你要感恩，首先就要把自己的工作做好。”她接着说，“这两年来，我接过已经调离的贾明辉和张可佳手中的笔，将黎明共产党员服务队的大事记一笔一笔地记下来，这个记录的过程，自己的思想也得到了升华。”

听着张耀心的讲述，张黎明的形象在我面前越发清晰了，我相信张黎明说的是肺腑之言，伴随着数不清的荣誉和赞美，他心里很清醒。他也曾对我说过：“这不是我一个人的成绩，这是我和服务队的同事同心协力，一道努力的结果。”我想，这也是张黎明能赢得国网天津滨海供电公司、国网天津市电力公司，乃至国家电网系统各级领导和员工交口称赞的根本原因之一吧。

49　我走进梦开始的地方

几度走进滨海新区，让我生成了一种对美丽滨海的憧憬。几度与张黎明的接触，让我加深了对滨海电力人的崇敬。他们挺立在时代的潮头，让光明点亮万家灯火，让创新照亮前进征程。记得2013年5月15日晚上，吃过晚饭，我还像往常一样收看央视的《新闻联播》，但是，我没有想到第一条消息就让我看到了惊喜，习近平总书记考察指导中新天津生态城智能电网综合示范工程的画面映入我的眼帘。当看到总书记在体验智能家居演示中露出亲切笑容时，我也不由得生出一种难以掩饰的激动。这个演示厅我太熟悉了，几年前，当这项智能电网示范工程还在建设时，我就多次到过那里。那会儿，演示厅还在调试，但智能电网的神奇已经把我征服了。如今，看到总书记亲临这里视察，并对国网天津市电力公司和滨海供电公司建设坚强智能电网和供电服务工作给予充分肯定的新闻，我也分享了那份喜悦，真为那些建设者自豪和骄傲。

多年前，我走进了这个梦开始的地方。在这片大部分曾是盐碱地和“围海造陆”形成的热土上，勤劳智慧的滨海建设者正打响包括中新天津生态城在内的“十大战役”，描绘着滨海新区发展的最新蓝图。

习总书记的亲临考察，也让张黎明和他引领的张黎明创新工作室的成员感到了欢欣鼓舞。张黎明对记者说：“我们对总书记在考察中指出生态城要兼顾好先进性、高端化和能复制、可推广两个方面的要求深受启发，不只是生态城智能电网建设需要兼顾好先进性、高端化和能复制、可推广，总书记的嘱托更是我们创新工作室的工作目标，创新项目也应做到先进性、高端化和能复制、可推广。”

张黎明创新工作室在总书记考察的当周就对当年第一个班组管理创新项目：《无纸化智能抢修管理系统》可行性项目报告书，开展了研讨和编制工作。这项智能系统的项目研发，将大幅度缩短配电线路故障抢修时间，进一步提高标准化抢修水平。减少班组员工的重复记录负担，同时可大量减少纸张的应用，符合建设资源节约型社会的大众要求。

那几天，整个滨海公司都沸腾了，员工们都为5月14日习近平总书记来到公司视察的喜讯兴奋不已，总书记的亲切教诲，激荡着每一个员工的心灵。我在采访中，看了很多这方面的文字资料，许多普普通通的员工都抒发了对总书记的真挚的热爱和情感。一位黎明共产党员服务队的青年员工写道："总书记的到来，让我们更加增添了创新的力量。在奔向梦想的征途中，只要坚定信念，我们的青春就不会迷航。中国梦需要每个中国人的努力，电力梦也需要每个电力职工参与。作为青年员工，我们要激发青春能量，顽强拼搏，勇挑重担，用青春和智慧为成就中国梦贡献力量。"

有一位调控专业工程师深情地写道："我通过认真学习深刻领会总书记指示的精神实质，深受鼓舞和鞭策，更加清晰地感受到从来没有这样的一个时刻，'电力梦'与'中国梦'联系地如此紧密，'个人梦'与'中国梦'联系地如此紧密。我们要争做特高压、智能电网、大型重点供电企业排头兵，这既是滨海公司砥砺前行的目标，又是'争先、率先、领先'的动力，在自强、自立之后，'滨海梦'迎来了一个自信时代。"

"滨海兴、天津兴；滨海强、天津强"。当时临港营业所全体职工决心乘总书记考察的东风，学习和发扬生态城智能电网建设中的忘我奋战精神，恪守"复命提效、强化执行、创先争优、唯旗是夺"行为理念，秉持"只为成功找方法、不为懈怠找理由"的工作态度，努力打造一个"黎明共产党员服务队"式的优秀团队。

当时，在我的眼前，仿佛出现了一幅美丽的画，黎明中的大海边，那巍巍的铁塔和连绵无际的高压银线穿越时空，迎来了旭日的初升，在这很美的背景下，一支头戴红色安全帽，身着国家电网蓝色工装的队伍整装出发。那是一种自然的美，那是一种劳动的美，那是一个梦开始的地方。

50　创新连接着人生梦想

在与张黎明的接触中，我领略到：创新与梦想是一对孪生兄弟。在滨海新区的每一天，我都能感受到，在这漫长的海岸线上，迎着黎明的晨曦，光与电的交融给这颗熠熠闪烁在渤海湾畔的明珠以迷人的风采。这是一曲光与电的交响乐，随着湛蓝的海水荡漾着，仿佛是一首激越的进行曲，回响在滨海这片生机勃勃的热土上。

张黎明在海河隧道施工现场

在滨海新区的所到之处，我都能感受到滨海电力人所留下的光电足迹。在这片神奇的土地上，随着每一片城区的开发，每一个项目的入驻，都可以看到滨海电力人的身影。他们披星戴月，黎明铸梦，一路风尘，痴心不改，用心血和热汗，将一个个铁塔竖起，将一座座变电站运行，将一根根电缆铺设，将一排排路灯点燃……

我恍然领悟到，创新是一种态度，这种态度让滨海电力人拥有了无数的梦想。我在和黎明共产党员服务队队员的交谈中，看到的是青春的朝气和对未来的憧憬。他们也不讳言，今天他们努力工作是为了明天生活得更美好。滨海公司的领导层也不掩饰激励机制的目的之一，是让员工们渴望自己的生活变得不同，鼓励员工去尝试做一些事情，从而把一切变得更美妙、更有效、更方便。

五年前，国网天津滨海供电公司进行体制创新，撤销了塘沽、大港、汉沽三个分公司，机构和人员都进行了新的组合。这也一度使人产生过担心，三个分公司撤销后，其业务的衔接将如何做，才不至于影响到工作？出乎意料的是，滨海公司对几个工业园区的“无缝隙服务”反而做得更细、更勤、更快、更好了。

对此，南港工业区是深有体会的。改革后，滨海公司的青年志愿者主动上门服务，接触了数十家企业，为他们介绍用电办理流程、相关电力法规政策，并解答、协助办理用户遇到的各种问题和困难，诚心做好业务咨询工作，为用户提供实实在在的帮助。这种贴心服务，得到南港工业区管委会和驻工业区企业的大力肯定和赞扬。有家来自世界500强大企业的老总评价说：“国网天津滨海供电公司真是不一样，从不摆架子，还真心实意帮助我们解决实际问题，真是太好了！”

对于张黎明创新工作室来说，体制创新让科技创新增添了活力。张黎明告诉我：滨海公司以天津公司创新成果孵化基地为依托，建立了“地室坊”三级联动的创新机制。“地”指的是天津公司的创新孵化基地，“室”就是劳模创新工作室，即有一个以我名字命名的劳模工作室。“坊”就是每一个班组都有一个工作坊，这个工作坊就像一个小作坊似的，里头有台钻、台虎钳子，以及一些简单的小工具，就是为班组创新提供一个平台，让他们一有想法，就可以在自己的手里头先实现。在自己做出模型以后，可以在我们的劳模创新工作室请专家和学者给他们班组进行指导，再升一级以后，就到我们的孵化基地，孵化基地是生产企业，把我们创新的一些想法真正实现，再运用到班组里头，形成一个循环。地室坊的创新模式，为班组创新提供了一个很好的大环境，营造了众创群创的良好氛围。

在张黎明看来：“创新，本身就是一个不断试错的过程，所以要容许失败。经历过失败，反而意味着你离成功又近了一步。”张黎明在长期抢修实践中发现，鸟害是危及输电安全的一大隐患，为了解决这个隐患，他对鸟类搭窝的杆塔进行观测，登塔了解鸟的习性，买来鸟类学书籍进行学习。然后开始研究用各种材料做样品，这个过程就像当年爱迪生寻找灯泡钨丝的过程。

无数次的安装、测试，期间经历很多次失败，他心想，再试试下一个，说不定这次能行！就这样，经过上百次反复试验，终于找到了最佳材质——玻璃钢材质，并制作出防鸟害、防锈蚀、防污闪的“三防凉帽”，如今已经推广到了天津市许多电力线路上。

张黎明满怀信心地告诉我，他们工作室将瞄准公司“建成世界一流城市供电网、国际一流现代电网企业和国际化公用事业服务体系”的“十三五”发展目标，着力创建开放、联动的人才培育体系，凝聚多方智慧力量，让创新引擎全速发动起来，真正让有想法的人更有办法、有见地的人大有天地！

我记得有这样一首歌《我的未来不是梦》，传唱甚广，且久唱不衰。我想除了歌写得好，唱出了人们的心声也是其中重要的原因。人类的历史，就是从不断地求索、不断地选择未来当中走过来的。未来越美，梦想越高，人生就越丰富，成就也就越卓绝。当你把未来的梦想提升起来就意味着你在拥抱明天。生命正是因为有了未来、梦想，才显得多姿多彩。

张黎明也有自己的梦想，这个梦想很大，也很小。说它大，是连着实现中华民族伟大复兴的中国梦，说它小，是以用他的名字命名的服务队和创新工作室为平台，以实现不断创新的梦想。他欣赏奥斯特洛夫斯基的那句话：“人的一生可能燃烧也可能腐朽，我不能腐朽，我愿意燃烧起来！”为了“黎明出发　点亮万家”的承诺，也为了“科技创新”的梦想，他也愿意让自己燃烧起来。

第三部 / 黎明明理

当黎明伴着渤海之滨的破晓，为天空染上一抹朝霞，张黎明迎着晨曦，踏着大海捧出的一簇簇浪花，再次出发。张黎明用爱和真诚架起了党与百姓的“连心桥”，以一种燃烧自己、照亮别人的蜡烛精神去实现自己“不忘初心”的诺言。在他看来，奉献不是痛苦，不是舍弃，不是辛劳，而是一种纯洁高尚的精神境界。

我想，黎明明理的可贵之处就在于“不以善小而不为”。这么多年来，张黎明做了无以计数的好事，每一件事拿出来都很平凡，都不是惊天动地的壮举，可若将这些好事汇集起来，就足以感动听到这些故事的每一个人。

第十一章 不忘初心的服务队队长

51 党委书记眼中的张黎明

我和任峰书记坐在他的办公室里聊张黎明。三年前我就坐在这个位置上，和他面对面，眼神对眼神。三年了，他办公室的格局和设施依旧没变，他还是那么谈笑风生，只是脸上又多了几道皱纹。

我发现任峰对张黎明的了解超越了知人善任的层面，已上升到了理性的思考。他说："张黎明是新时代工人阶级的杰出代表，张黎明精神是新时代产业工人的精神。张黎明这个'时代楷模'典型的出现绝不是偶然的，有其成长的土壤。他生长在改革时代，奋斗在新时代，他以黎明服务队报效人民，以创新工作室报效祖国，真正体现了一个优秀共产党员的本色。"

接下来，任峰历数了三年多来张黎明获得的诸多殊荣：2015年获"全国劳动模范""全国职工职业道德建设标兵个人"称号；2016年获"全国优秀共产党员""全国岗位学雷锋标兵"称号；2017年当选党的十九大代表，获首届十大"国家电网工匠"称号；2018年选树为全国重大典型"时代楷模"，入选"中国好人榜"。这一项项荣誉的取得是党和人民对他突出成就的肯定，又是新时代选树典型，弘扬劳模精神的需要。对张黎明来说，他把这一切荣誉的取得都归功于党和人民的培养，看作是对自己不忘初心，继续前行的鞭策。

任峰眼中的张黎明是一个普普通通的人，也是一个令人敬重的人。从事电力工作的三十一年间，他踏踏实实，一步一个脚印，走出了自己的人生高度。任峰书记将张黎明的成长基因进行了高度的概括。

张黎明的质朴。他的质朴表现在干一行，专一行，爱一行。张黎明将"工作着是快乐的"融入了他的职业生涯里。由于自己的爱人下岗，失去了工作，他可能这方面的感受会更深，体验也更深。他的质朴也来自有良好的家风，父亲和母亲，以及爱人的言行对他的影响很大，爱人并没有因为下岗而自暴自弃，而是用她那柔弱的双肩扛起家庭的重担。她创造一切条件让丈夫得以安心创造自己的人生价值，并取得了事业和家庭的双丰收。我不禁想起了一句名言：“每一个成功男人的背后都有一个伟大的女性。”

张黎明的简单。他的简单体现在人际关系的简单，所以才能专心地做事。他对本职工作，十分上心，心无旁骛，就有时间做事儿，做出彩。他对志愿服务，不为名利，才能几十年如一日。譬如“老旧小区楼道照明改造计划”，起初很难，但他做成功了，有灯亮，人心也亮了。他的科技创新，不是一花独放，而是万紫千红，引领出一群创新人才。新时代的人际关系，就应当清清淡淡，简简单单。

张黎明的善良。他的善良展现在与人为善，否则不可能长期地把电话给普通的人家。他的善良表现在坚持志愿服务三十一年，对社区鳏寡孤独老人尽一份孝心。他的善良表现在对同事朋友甘愿吃亏，以助人为乐。这种做人的准则，也正是他成功的基石。

我听到对张黎明的人生概括，又与任峰交流一番后，感慨地说：“当下社会，最缺乏的就是这种张黎明精神。很多人都在追求命运的改变，这没有错，但前提是要有个做人的准则。我们的国家发展到今天，是无数先烈抛头颅洒热血换来的；是无数英模人物艰苦奋斗拼来的。我们要传承前辈的精神，就是要不忘初心，踏踏实实做事，平平淡淡做人。想通过命运的改变，以期引来财富的改变，但财富反过来，又会造成命运的改变，很多人并没有步入天堂，而是坠入深渊。所以，做人还是要做张黎明那样的人。”

“刘老师，您说得没错。”任峰点头说，“张黎明的可贵之处就在于不忘初心。所以，我们今年在全公司开展了‘黎明·明理’系列活动，以弘扬张黎明的这种精神。从二月份开始，张黎明不仅自己现身说法，还要到现场解决问题。两会后，我们还以“黎明·明理”为主题，开展了‘月悦谈’、公司领导讲座、‘黎明·明理’进社区等活动，采取了沙龙形式，宣传张黎明这个先进典型。公司党委认为，弘扬正气，员工好的氛围和公司土壤很重要，我们要创造公司品牌，比学赶优，拉近党组织与员工的距离，让更多张黎明式的人物在滨海公司涌现。”

“这是一个学习张黎明的好形式。”我说，“张黎明的人格魅力对社会的影响很大，中宣部将张黎明选树为‘时代楷模’，就是在全国产业工人队伍里树立起一个学习的榜样，非常及时，也非常有必要。”

“在‘黎明·明理’活动中，我们发现在张黎明身上具备的‘五种角色’，是值得我们学习的。”任峰目光炯炯地看着我。

“哪‘五种角色’？”我饶有兴趣地问道。

任峰解释说：“其一是班长，他做抢修班长做到了尽责担当；其二是队长，他做共产党员服务队队长做到了善小，细心、贴心，温暖；其三是室长，他做创新工作室室长将工作室做成天津公司创新孵化基地、工作室、工作坊三级联动机制的活样板；其四是师长，他作为蓝色工匠后先后在市总工会、国资委，以及三十多个企业进行演讲，传道授业，听众有共鸣，演讲有人情味儿；其五是家长，他是一个温馨体贴的家长，对母亲、爱人、对孩子处处见真情，妻子对张黎明的‘埋怨’，也体现了她对丈夫的关心。”

我静静地倾听着任峰的讲述，与平日采访张黎明的印象联系在一起，将感性与理性融合到一起，张黎明的形象越发清晰起来了。

52　我愿让自己燃烧起来

记不清有谁说过这样的话：“行动是成功的阶梯，行动越多，登得越高。”我的心之所以对这句话产生共鸣，就源于我笔下有这样一个人物和一个团队，每一次来到滨海，都能让我感动。在人们的眼里，他就像是一根蜡烛，点燃自己照亮别人。他用贴心的服务，换来了百姓们的一片真情。

“您好，我是张黎明。您在用电方面有什么苦恼，可以来电咨询。”随着无线电波，张黎明的声音在天津市广袤的原野和天空回响。

2018年的五一国际劳动节那天，在天津人民广播电台“公仆走进直播间”节目中，张黎明和节目主持人正在进行主题为“劳动最光荣”的对话。直播间里，他们不时接到打进直播间的热线电话。

这是张黎明工作以来的第三十一个劳动节，和其他三十个劳动节一样，张黎明都是在劳动和工作中度过的。这么多年来，这位国网天津滨海供电公司运维检修部配电运检室党支部副书记、配电抢修班班长、滨海黎明共产党员服务队队长，每天二十四小时，手机都是打开的，每天都会接到群众打来的电话，少则十几个，多则几十个，有企业客户打来的，有普通居民打来的，大多和用电有关，多为请求帮助以解燃眉之急的电话。

曾记否，1987年张黎明在塘沽参加工作时，正是天津市改革开放深层次发展的关键时期。随后成立的天津滨海新区是我国第一个综合改革试验区。之后的十几年时间，张黎明脚下这片曾经的退海滩涂之地迅速崛起，成为一颗冉冉升起在渤海湾畔的明珠。正是有张黎明这样的滨海电网人，才让滨海的夜璀璨夺目，让滨海成为经济繁荣、社会和谐、环境优美的宜居生态型新区。

多少年过去了，张黎明还不能忘却那样一个场景，那是黎明共产党员服务队成立之初，他带着几名队员来到一个老旧小区做延伸服务，那是一个老旧的楼房，多年抢修，电路老化严重，为了彻底解决这个问题，他们决定更新线路。那是一个大热的天，十分闷热，他们穿着蓝色工装，不要说干活，人待在屋子里，离了空调，衣服也会湿透的。他们却要在密不透风的楼道里弯下腰忙活。张黎明正蹲在电源箱前挥汗如雨地更换线路，忽然觉得背后有一股凉风吹来，他回过头一看，一位老大妈手里拿着大蒲扇，在为他扇扇子。“大娘，谢谢您，这么热的天，您还是回屋歇息吧。”他感动地说。

“哎，看你们这些孩子热的，都是为了我们，我们也不落忍的。”老人一边说着，一边还在扇着风。

“也就在那一刻，我的心里特别感动，内心涌出了一种神圣的责任，老百姓是把我们当成自己的孩子了，我们做的是本职工作，他们却看成了一件不落忍的事。我们还有什么理由不为他们服好务呢?”张黎明对我说，“那天，有好几个老人都在为我们队员送矿泉水，送水果，扇扇子，我们怎么婉言谢绝都不顶事。一直坚持到整个线路维修结束。”

在回去的路上，队员们都十分感慨，纷纷说，这个小区的老百姓太好了，为他们服务就是出再多的汗，吃再多的苦，也值！张黎明也动情地说："为居民服务好，是我们的工作，也是我们义不容辞的责任。我们要体谅老百姓大热的天，用不上电的焦急心情，要像对待自己衣食父母那样为群众着想，做好每一次的抢修，做老百姓的贴心人。"

张黎明还经历过这样一件事情，对他感触颇深。一次深夜抢修时，由于队员对路况不是很熟悉，致使抢修车没有按时到达故障地点，耽误了二十几分钟。张黎明从这件事中察觉到，光有一片为民服务的热情还是远远不够的，还需要锻炼一身硬功夫，在努力学习专业技术知识，提高技术能力的同时，还要对与抢修有关联的路况、线路有非常精准的了解。这样才能保证做到不出差错，万无一失。

张黎明和他的黎明共产党员服务队负责滨海核心区域塘沽区城乡居民和工商企业电力故障紧急抢修，以及10千伏高压故障处理。他有针对性地提出了"供电服务要讲技术、讲效率，电力抢修快一分钟，客户用电就少耽误一分钟"的要求，并迅速在服务队掀起了一个岗位练兵的热潮。

"有哪条线路不清楚，地理位置和具体情况不熟悉，问张黎明准没错，他简直就是滨海电力活地图。"队员们说，他们的队长在抢修战线一干就是三十年，平日练就一手绝活，那就是公认的滨海电力"活地图"。这手绝活的背后同样是辛勤的付出。这么多年来，他踏遍了辖区的乡间小路，记熟了所辖线路的位置及周边环境，弄清了所有配电线路的客户及用电性质。

张黎明还有一手故障诊断的绝活，凭借线路保护动作情况、线路健康状况及线路周围环境就能迅速准确地判断出故障的基本性质和位置，为及时送电争取了宝贵的时间。为进一步缩短抢修时间，张黎明对抢修工序进行了优化改进，将原先的"巡查—隔离—处理—送电"，发展为"巡查—隔离—甩送—处理—送电"。虽然只增加了"甩送"这一环节，却将故障平均处理时间缩短为一个小时，甚至更短时间，大大减少了停电对客户的影响。

当黎明伴着渤海之滨的破晓，为天空染上一抹朝霞踏着大海捧出的一簇簇浪花，张黎明和他的同事们怀着“黎明出发　点亮万家”的豪情出发了。张黎明就是这样不忘初心，为民服务的。他凭一名共产党员的赤诚之心，以电相连万民心，用爱和真诚架起了党与百姓的“连心桥”。他在以一种燃烧自己，照亮别人的蜡烛精神，去实现自己“不忘初心”的诺言。

53　打造过硬团队要自身硬

2018年2月27日，滨海公司开启“黎明·明理”系列活动。张黎明作为党的十九大代表，两次走进社区，践行“黎明·明理”进社区活动。按照社区老百姓的话说，中央讲的是政德，张黎明讲的是民德，张黎明的“明理”体现在自身的行动上，通过这次“传道授业”，张黎明的人格魅力，开始影响到更多的人。

“宝剑锋从磨砺出，梅花香自苦寒来”。人们一提起张黎明就会想到黎明共产党员服务队。服务队如今已经是国网天津滨海供电公司，乃至国网天津市电力公司的一张靓丽名片。黎明共产党员服务队在滨海新区的名声越来越大，他们的电力服务网也越编越大，这一带的社区居民但凡有关用电方面的问题，首先想到的就是张黎明和黎明共产党员服务队。滨海社区很多居民也是通过服务队，了解张黎明的。有人说，走近黎明共产党员服务队，你看到的永远是深蓝色工作服上的雨露风尘和一张张不知疲倦的笑脸。是的，他们就像行者一样，一路走来，驱散黑暗，播洒光明。

当年，我曾翻开过黎明共产党员服务队的花名册，有队员二十二名，其中共产党员十五人，入党积极分子二人。这支团队由国网天津滨海供电公司运维检修部配电运检工区四个班组成。服务队员采取自愿申请和组织选拔的方式加入。

我在与张黎明的多次交谈中，始终在考虑这样一个问题，黎明共产党员服务队这个国网天津滨海供电公司的品牌是如何形成的？它的成功要素又在哪里？我一直认为，从来也没有随随便便的成功。成功者之所以成功，就

国家电网天津电力“心连心”滨海黎明共产党员服务队

在于有着坚定的信念，即使身处逆境时，当别人或沉溺于空想，或失去了信心，而他却选择了实干和挑战，下决心顶着风浪来实现自己的人生目标。张黎明在走进服务队之前，就是滨海公司一位劳模和业务骨干。我从他的人生轨迹中，看到他人生迈出的每一步，都是在实干，无论条件多么艰苦，无论任务多么艰巨，他都会选择挑战。

张黎明学历不高，但他凭借自学，掌握了许多理论知识。他热爱抢修工作，为了学好专业技术知识，培养自己的能力，提升自己的素质，他付出了许多心血。张黎明的爱人李海春说：“黎明，是个爱读书的人，为了搞技术创新，他翻阅了许多相关的业务书籍，经常到深夜还捧着一本书。”

张黎明是天津市电力系统为数不多的理论知识和实践经验都拔尖的人物。他的先进事迹被媒体宣传之后，时常会被请去作报告，他还是天津公司的兼职讲师，每一次讲课，他都要做精心的准备。他说：“我把这看成一次重新学习的极好机会，我要不断强化自己的学习观念，不断地更新知识，否则就要被时代所淘汰。”

张耀心给我讲了这样一件事，那年夏天，国网天津滨海供电公司要举办一次新学员交流会，邀请张队长做一个主题发言。“我中午看他捧着一本《老子》在看，也没放在心上，可在下午的会议上，我们队长就侃侃讲起了老子的为人之道，说得是那么入情入理，他的记忆力和口才真好，我真是服了！”

张黎明为了让黎明共产党员服务队真正成为一支叫得响，过得硬的团队，也是下了一番功夫的。他借助张黎明创新工作室这个劳模创新实践平台，让服务队员都参与进去，大家在一起搞技术创新、技术攻关、技术协作、发明创造。张可佳说：“张队长把服务队打造成了一个培养爱岗敬业、技术精湛的职工队伍的大课堂。让我们这些年轻人从中大获知识和能力。在他这个名师带领下，我们这些徒弟在很短时间内，从技术上、能力上和实践上都得到了很大的提升。我们在服务队里学到了艰苦创业的好传统，学到了创新思维的好思路，学到了严谨细致的好作风，学到了精益求精的好经验。”

对此，张黎明却有着不同的体验。他说：“我发现我身边的年轻人大都有较高的学历，都有较高的素养，与他们在一起，我也可以从他们身上学习很多东西。年轻人喜欢畅想未来，因为，畅想未来就意味着有成功的希望，就有前进的动力。我很高兴和他们一起工作，他们是服务队的未来，希望寄托在他们的身上。”

这次开展的“黎明·明理”活动，张黎明的巡讲范围从滨海公司延伸到了社区、学校、机关、单位。张黎明说，作为服务队的领头人，打铁还须自身硬，还要不断充实自己。所谓明理，既要做到明辨是非，又要做到通情达理，通过多次巡回演讲，自己的人生理念受到了很大的洗礼，精神境界也得到了很大的提升。

54　攀越从未逾越的人生峰峦

张黎明在2013年荣获了全国“五一劳动奖章”。这个荣誉来之不易，是他二十六年来，兢兢业业的汗水凝结而来，也是对他献身抢修一线和技术创新成绩斐然的充分肯定。那天晚上，张黎明把这枚沉甸甸的奖章带回家里，让多年来一直在他身后默默支持他的妻子热泪盈眶。张黎明这么多年走过来，太不容易了，多少个黎明，多少个夜晚，多少个大雪纷飞，多少个风雨交加，丈夫都是在抢修现场度过的。看着皱纹浮上丈夫的额头，看着白发出现在丈夫的发际，李海春禁不住百感交集地说："黎明，你这么多年的汗没有白流，这么多年的心没有白操，真替你高兴！"

张黎明也深情地说："这五一劳动奖章，有我的一半，也有你的一半。这么多年了，我整天在外边忙，真苦了你了。"那天晚上，两个人聊了好久，张黎明坦诚地说："有了这个荣誉，我感到压力更大了，因为这个荣誉不是我一个人的荣誉，也是服务队的光荣，我日后更要继续努力，把这个团队带好，做得更出色。"

果然，两年后的2015年，张黎明又荣获了"全国劳模"光荣称号，他引领的黎明共产党员服务队也先后荣获了"国家电网十佳共产党员服务队""全国学雷锋示范点"等殊荣。张黎明以其"不忘初心"的坚定信念，不断地超越自己，攀越了一座又一座的人生峰峦，书写了一页又一页的生命华章。

每一次，当我走近"黎明大厅"，我的眼前就浮现出这样的情景：黎明时分，张黎明与黎明共产党员服务队的队员们无数次抓起抢修单，提起"急修BOOK箱"，从"黎明大厅"的大门里冲出来，直奔门外闪灯的抢修车，然后随着车的呼啸奔向抢修现场。

这是一个何等闪光的大厅啊，我无数次在大厅内沉思。门外灯箱那八个大字"黎明出发　点亮万家"，是张黎明和服务队队员们向全社会的承诺。厅内那满墙满架的专利发明，是张黎明和服务队队员们向企业和国家奉献的赤诚；那隔壁的"创新工作室"，是张黎明与同事们科技创新的战场；那挂满墙壁的锦旗，是人民群众对张黎明和服务队的信赖和感动。

黎明共产党员服务队组建以来的十一年间，张黎明带着这支光荣的团队，先后荣获了全国优秀质量管理小组、全国质量信得过班组、中国青年志愿者优秀组织奖、中央企业先进集体、天津市五一劳动奖状等三十几个国家和省级的奖励。这其中也饱含了张黎明的那份呕心沥血的努力。其实，成功并非一蹴而就，成功之路本身就充满了风险和挑战，犹如攀越一座从未逾越的峰峦，若准备不足，你就有可能半途而废。因而，无论如何，一个大写的人要树立这样一个信心：即使很平凡，你也可以攀登。

张黎明谈起这些时，显得很淡然。他说："企业和党组织把这支共产党员服务队交到了我手上，我就有责任和义务把这支队伍带好。从另一个方面来说，我也喜欢队里的这些年轻人，他们有朝气，有知识，有能力。和他们一起共事，我也有奔头。"

张黎明是这样说的，也是这样做的。这十一年来，他充分发挥了这支劳模创新团队的优势，从创新管理入手，拓展了"名师带高徒"的范围。他利用张黎明创新工作室这个创新平台，让服务队的成员都参加进来，结合业务轮训、技能培训，培养他们的创新意识和创新能力，个人素质普遍得到了提升。

张黎明所带领的黎明共产党员服务队，与其他同行中的服务标兵相比，最大的特色就体现在创新上。除了管理创新、服务创新，技术创新也是他们的主攻方向。他认为，抢修速度关系到老百姓的生活，关系到工商企业的经济效益。作为一个抢修专业团队，黎明共产党员服务队更应当把立足点放在科技攻关上。只有技术创新搞上去了，抢修的效率才能得到最大化的提升。

让张黎明很欣慰的是：三十一年的抢修生涯，他带的许多徒弟先后走上了国网天津滨海供电公司乃至国家电网天津市电力公司的管理岗位。而他依然坚守在供电抢修第一线上。这三十一年间，在张黎明身上发生的故事有太多太多。同事们感慨地说，这些年，他巡线累计可达八万多公里，相当于绕地球赤道两圈；他亲手绘制抢修线路图一千五百多张，成为天津电力抢修一线的"活地图"；他编制抢修《案例库》《百宝书》成为青年员工抢修的"小百科"；他总结并实践的现场工作"十二条纪律"为全公司共同遵循的行为准则。

张黎明在时时提醒着自己："简单的事，天天做实了，就不简单；容易的事，天天做好了，也不容易。"在他看来，人生有千条路，既然选择了做抢修工人，就要做最好的自己。如今，他做到了，而且做到了极致。

55 人生的脚步总要朝前迈

张黎明，在许惠智的眼里，就像是一座电力铁塔，每天都不辞疲倦地守候着黎明，守候着光明。"2004年，我来到国网天津滨海供电公司思政部好像没过两天，我就与他有了一次'亲密'接触。"许惠智回忆说。那天张黎明正在10千伏线路上带电作业，维修线路。他穿上全套的绝缘服，戴上绝缘手套，带上绝缘工具，登上了绝缘斗车。在许惠智眼里，立在绝缘斗车里的他，一步步临近高压线，就像一个出征的勇士奔赴战场。看着他娴熟地操控手中的绝缘工具，像是一个外科大夫，在为病人动着手术，许惠智充满了好奇，用手中的摄像机，花费了大概一小时，全程录下了他带电操作的全过程。

那会儿，张黎明在滨海已经是小有名气的劳模了，不光技术好，人缘也不错，但凡见过他的人，都说他是块好材料。他完成了作业，从车上下来，友好地拍了拍许惠智的肩膀说："有劳你大驾了，我有什么好拍的？"许惠智说："别看我来滨海公司好几年了，这样的场面还真的很少见过，看到你那种洒脱的劲儿，我一定要写上一篇好报道。"

自那以后，他们的交往就多了起来，随着张黎明的名气越来越大，许惠智与他的关系也由于工作关系变得密切起来。张黎明的名字见报，上电视也多了起来。后来，塘沽分公司组建共产党员志愿服务队，领导看中他是块好材料，就力推他担任了黎明共产党员服务队的队长。张黎明也不计得失，从管理岗下到了相当于基层班组的服务队。

许惠智评价张黎明："他是一个有着现代工人的气质，又有传统工人的朴实，并很好地将延伸服务的理念带进了黎明服务队的开拓者。我一直觉得他的观念很新，但没想到他会把黎明共产党员服务队带得这么好。如今，黎

张黎明和同事慰问孤老户

明服务队不光是滨海和天津公司的标杆，也是国家电网的标杆。走到这一步，的确不容易。我认为，张黎明和他的服务队有这样几个亮点：技术创新，管理创新，服务民生做得有板有眼。他将国家电网的理念和核心价值观带进了服务队，融入为人民群众服务的行动中，得到了众人的交口颂扬。”

有一次，许惠智下到社区采访，用镜头拍下了好多感人情景。一位老大妈对他说：“人家不是玩虚的、飘的，人家是实实在在为我们社区服务啊。我们从心眼里感谢张黎明和他的服务队，你可得好好为大妈在报上和电视上夸夸他。”

他还听说过这样一件事：一个孤寂的老人，家里的电器坏了，请外人花了几百块钱也没修好，万般无奈中想到了张黎明。本来修电器不属于服务队职责的事儿，可他还是满口应承下来，干了这件分外的活儿。老人逢人就讲：“国家培养的人和那些尽想赚钱的人就是不一样，张黎明，不给钱也服务。”

当时，许惠智的感触很深。他在一篇稿件上写道：“一个人能把国家电网的社会责任变成了自己的责任，变成了贴心的服务，变成了‘你用电，我用心’的行动，这是何等了不起啊。张黎明做到了，而且做得非常好。我们需要千千万万个张黎明！”

“今天来之前，我就在想，张黎明为什么能够在滨海供电公司脱颖而出，而且这么多年都坚持下来了？”许惠智说，“我看一个重要的因素就是他有一颗金子般的心。天津港的著名全国劳模孔祥瑞曾专门题字：“黎明出发　点亮万家”。当时，他称张黎明尽管还只是全国五一劳动奖章获得者，但他却是‘名副其实的全国劳模’了。如今，孔祥瑞的预言已经实现了。”

我听着许惠智的讲述，和他有着同样的感受。张黎明之所以能走到了今天，与他的责任感和使命感是分不开的。他秉承了国家电网“诚信、责任、创新、奉献”的核心价值观，以百折不挠的拼搏精神，以舍小家为大家的奉献精神，成了新时代电力工人的楷模，成了技术创新的“蓝领专家”，这样的人物，了不起！

听了张黎明的故事，我心里很感动，这种忘我的精神境界是常人无法达到的，他让我看到了一个全国劳模背后的付出。

张黎明之所以能达到这种境界，也是与他从小受到的家庭教育分不开的。有次聊天，他告诉我，他的祖籍在河北沧县，生在内蒙古海勃湾，上学和工作都在天津市。他的父亲是中国建筑第六工程局的一名管道技术工，在全国各地建设工程，参加过引滦入津、天津军粮城发电厂、大港发电厂等一大批国家重点工程建设。小时候他随父亲走遍了大半个中国，对家印象最深的是：家里只有一种家具，就是箱子，因为它特别方便于搬家。在那个年代，父亲作为一名党员就是要无条件地坚决地听从党的指挥，党叫干啥就干啥，哪里需要就到哪里去。

“1987年我参加工作当上了一名电力工人，当时18岁，父亲赠送给我一把钳子，对我说：‘作为一名技术工人，把活儿保质保量地做好做到位，让同事们信任你，这就是咱们的本分。’”张黎明说，“这句话我牢牢地记在心里。

这句话不仅是父亲对儿子的要求，更是一名老党员对儿子的期望和谆谆教诲。三十一年来，我作为一线工人，正是父亲对我的影响，让我默默坚守，一点点学习技术、积累经验，不怕付出，让我在平凡的岗位上始终走在一条正确的航道上。我认为立足本职岗位把活干好了，干出成绩，干出彩，就是尽本分，这就是父亲给我的‘初心’。”

我想，人的一生，脚步要永远朝前迈，既然做出了正确的选择，就不要后悔。时间不可能倒流，每个人都要为自己负责，为这个社会负责，为人民负责，只有这样，人的一生才会无怨无悔。

第十二章 人生的奉献是一种力量

56 男儿无情未必真豪杰

有一件事是张黎明无法忘却的：2012年的夏日，在技术创新攻关最紧张的那个月，自己七十多岁的老父亲突然病重，从塘沽医院，转到了天津市的医院，病因却迟迟没有查出来。一连许多天，张黎明白天去公司上班，晚上开车跑到市里陪护在老人身边，每天要不停地奔波在塘沽与天津市区几十公里的路途上。

看到父亲那苍老的面容，张黎明心里很痛苦。这么多年来，他每天都忙于工作，平时对父亲的关心也只限于打打电话，周末或节假日过去看看老人家。但父亲对他却很理解，知道他工作忙，什么时候都不想给他添麻烦。这次父亲病重，张黎明下了决心要好好陪一陪父亲。尽管父亲一再说，不要天天来，别耽误了工作。

“爸爸，不会的，我会把手头的工作安排好的。”张黎明看着面容憔悴的父亲，心里酸溜溜的，父亲这么多年来，从来都是把工作放在第一位的，他年轻时很少得病，就是有个发烧感冒的，也不耽误上班，可这次他真的病倒了。

张黎明坐在病床前，看着父亲一会儿睡了过去，一会儿又让病魔疼醒，心里也很痛。头一两天，他还能挺得住，常抓紧时间小憩一会儿，但时间一长，他就发现自己的睡眠严重不足了，常常在病床边昏昏欲睡，可一到了黎明，他洗了一把脸，又精神了起来，他连早饭都顾不上吃，就要开车赶回公司上班。爱人担心他，每天都要打来电话，千叮咛，万嘱咐，不要疲劳驾驶，容易出事儿。张黎明心里也清楚，但不这样做，又能怎样？为了老父亲，也为了工作，他也只能是这样做了。人们并不知晓，当时他在同事面前露出淡定笑容的背后，内心却承受着巨大的痛苦和压力。

那天晚上，张黎明还守护在病床前，手机的铃声又一次响了起来。“黎明，我是响螺湾管委会的小吴啊，王相大厦这边的电线杆要倒了，上边还带着电呢，你快过来看看吧！”

“不要着急，我马上就到。”张黎明来不及多想，便答应下来，随即拨通了值班队员的电话，对情况进行了说明。老人这会儿也被铃声惊醒，张黎明回头看了眼父亲，欲言又止。

老人看出了儿子的心思 ，说：“公家的事要紧，快去吧，我没事！”看着病床上的老父亲，他心里一阵酸楚，叮嘱了父亲几句，一咬牙扭过头匆匆朝门外走去。

张黎明驱车火速赶到现场，见到先期到了的队员，心里顿时平添了几分自信。队员们像看到主心骨一样，说：“队长，市政部门在线路附近敷设下水管道，由于管道太粗，在挖沟槽时，破坏了电杆基础，所以造成了电杆倾斜，看，马上就要倒了！”

“张队长，可千万不能停电啊，我们王相大厦正在打灌注桩呢，要是停了电，我们可就损失惨重了！”施工方的领导也急切地说。

“放心吧，有我们在，没问题。兄弟们，我们先分一下工，马上行动。”张黎明凭借他丰富的经验，很快就部署停当，开始了镇定的指挥。

抢修队员根据张黎明所做的处理意见，开始了细心而紧张的操作。他们在抢修过程中，采取措施，保证了电力的供应。经过几个小时的苦战，倾斜的电线杆又挺立了起来，危险解除后，王相大厦的负责人紧紧握住了张黎明的手，连声说：“谢谢，谢谢，太谢谢你们了，你们可是救了大急了，我真不知道说什么好了。”

张黎明看了一下表，说：“大家都回去休息吧，我还有事，先走一步了。”然后就开车向着市区的方向走了。这时，有细心的人看出了其中的蹊跷，便拨通了他家里的电话，才知道事情的真相。大伙儿都为自己队长的这种精神所感动。

张黎明赶回了医院病房，已经是黎明时分。他收拾了一下，又伺候老父亲吃过早餐，刚要去上班，就见几名队员手捧着鲜花，走进了病房。同事们都埋怨队长向他们隐瞒了老人家住院的实情，说如果知道这事，说什么也不能让张队长半夜三更地跑到现场。“老人家，要是张队长再因为工作顾不上照顾您，您就告诉我们，我们都是您的孩子！”

“是啊，你们都是我的孩子，公家的事大，我没事。”队员们听着老人大度的话语，一阵暖意涌上心头。

写到这里，我不禁想到鲁迅先生的那句话“无情未必真豪杰”。这是张黎明人生的另一面。他不光是一个全国劳模，还是一个有情有义的男子汉。

那年，“张黎明得‘全国五一劳动奖章’了！”的喜讯像长了翅膀一样传遍了国网天津滨海供电公司的各个角落。同事们都把这个荣誉看作是滨海公司的光荣。在黎明共产党员服务队里，队员在喜悦的同时，更多了一份尊敬和感动。他们知道张队长的这项荣誉取得是众望所归，他这么多年来付出得太多了。就在半年以前，张黎明的父亲刚刚过世。同事们不会忘记，在老人家病重的一个来月里，他每天晚上都跑到几十公里外去陪床守护，白天还照

张黎明与父母、儿子的合影

常来队里上班。张黎明在单位尽责，在医院尽孝，却在同事面前竭力保持平静的神色。没人想到，他们的队长每天按时上班的同时，却每天晚上在医院陪床。张黎明只是不想让同事们担心，也不想因此离开正在节骨眼上的技术攻关。

多少个夜晚，多少个黎明，他“衣带渐宽终不悔”，只是为了“蓦然回首”看到父亲能够恢复健康的那一刻。他企盼着父亲能够奇迹般地恢复健康，如果真的那样，他下决心将抽出更多的时间来陪陪老父亲。

“就在那会儿，我对‘创新三境界’的领悟，有了一个质的飞跃。”张黎明对我说，“在陪老父亲的那一刻，我想了很多，我想到了‘终不悔’，也想到了‘人憔悴’。为了工作，我可以舍弃休息，但我不能舍弃陪伴老父亲。为此，多苦多累，我都认了。老父亲怕我受不了，再三劝我不要天天都来陪，不要误了工作。可老人家住了二十六天院，我就陪了二十六天床，从来也没休过一天的班。医院后来查出老人家是重金属中毒，却查不出中毒的原因。这种病是很折磨人的，我目睹了老人家痛苦的样子，心里也在流血。父亲在当年的8月9日逝世了。他活了一辈子，做了一辈子忠厚的老实人，在中建六局有口皆碑。他没给我们留下什么财富，唯一的遗产，就是告诉了我，应当如何做人。”

我听到这儿，心里万分感慨，张黎明在父亲病危期间，尽了一个儿子应尽的孝道，也尽了一个电力员工的责任。张黎明对此只是说：“人不可能做到尽善尽美，但要于心无愧。”

57　谁说自古忠孝不能两全

父亲去世了，张黎明沉浸在巨大的悲痛之中，可也就在此时，他又面临一个难解问题。天津公司来了通知，让他准备应战将在江苏举办的国家电网第四届供电“服务之星”劳动竞赛决赛。不过，滨海公司的领导也有一个忧虑，张黎明的父亲刚刚过世一个礼拜，张黎明和家人还处在深深的悲痛之中，这个时候让他去参加决战前的培训，合适吗？

那天，国网天津滨海供电公司工会时任主席李统焕找到张黎明，向他转达了这个通知，并关切地说："黎明，参加决赛前，你还需要在蓟县的天津电力技校进行为期一个月的封闭训练。不想，你偏遇到了这种状况，能承受吗？先考虑考虑，再做决定吧。"

张黎明此时的心情是十分复杂的，父亲刚刚过世，很多后事还没料理完，他就要扔下这个家，而且还是一个月的封闭训练。家里的儿子要备战高考，就海春她一个人在家，能忙得过来吗？但他爽快地做出了决定。在那一刻，他想到的是组织的信任和公司的荣誉。他心里很明白，这个任务非同寻常，没有人能替他去做。国家电网第四届供电"服务之星"劳动竞赛决赛，是经过二十七家省（区、市）电力公司的层层选拔，来自95598座席、业扩报装、抄核收、供电抢修、综合业务等专业的八十一名选手参加的国家电网系统最高规格的竞赛决赛，关系着国网天津市电力公司和国网天津滨海供电公司的荣誉，任务十分光荣而艰巨。

"谁叫我是黎明共产党员服务队的队长呢？"张黎明想到此，抬起头来，盯着李主席的眼睛，说，"没问题，我去！"只有短短五个字，却有着一字千钧的分量。"真正有所奉献是自我价值的体现，是企业集体的需要，是社会国家的希望。唯有我们当代人的无私努力才会有民族和后辈的美好明天。"这是张黎明此时此刻，对"奉献"一词的解读。

在张黎明看来，奉献不是痛苦，不是舍弃，不是辛劳，而是一种纯洁高尚的精神境界。对于黎明共产党员服务队，他们一直在队员中间倡导奉献精神。他们平时在抢修一线，一路奉献一路高歌。他们把奉献当作了一种快乐，因为爱岗，是电力员工的本色；敬业，是电力员工的风范；奉献，一直是黎明共产党员服务队队员崇高的追求。这么多年来，默默无闻、无怨无悔的奉献，正是他和黎明共产党员服务队的追求，也是让更多的人拥有幸福快乐的源泉。

父亲过世一周后，张黎明去了蓟县进行封闭训练，在一个月里，张黎明几乎足不出户，和天津公司的几位选手做着艰苦训练和临战前准备。这对他无疑是次非常严峻的考验。江苏举行的决赛，云集了来自全国各地的顶尖高手，也是国家电网系统顶级的劳动竞赛。这次决赛的内容分为：工作业绩考评、综合业务知识考试和模拟业务情景测试三部分。由国家电网总部相关部门组成评审组，按照竞赛要求，坚持原则、严格监察，是一次真刀实枪的较量。

张黎明深知，与参赛的兄弟公司选手相比，自己在学历、年龄等方面都不具有优势，毕竟四十多岁的人了，记忆力和动手能力都不可与昨天同日而语，面对海量的知识点和测试题，就是年轻的小伙子，也会望之生畏的。

但是，张黎明就是张黎明，天生有股挑战自我的韧劲儿。在蓟县集训过程中，他和年轻人一道拼搏，一道苦学，得到了辅导老师的盛赞。但老师和参赛的选手并不知晓，外表一天乐呵呵的张黎明，此时此刻仍笼罩在悲伤的阴影里，承受着丧失父亲的痛苦。他告诉我："每天紧张的训练活动一结束，回到宿舍里，我心里就特难受，老父亲的面容活生生地浮现在眼前。有时怕身边的人看到，我就一个人走到校园里默默地落泪。"

很多时候，人们都习惯说"忠孝不能两全"，可我写到这里时，脑海里不禁蹦出了一句话："谁说忠孝不能两全？"张黎明用他那颗赤诚的心，将尽忠尽孝表现得淋漓尽致。他舍弃的是自己的精力、休息和时间，尽力在这两方面做得更完美。这就是境界，一个大写的人的境界。张黎明很普通，但他很高尚。他普通得像一粒种子，播撒在田野里，春华秋实，去追求成长的阳光；他高尚得像一个园丁，每天都在田野里耕耘，付出的是艰辛，换来的是明天的收获。

58　夺冠"十佳服务之星"

有次去张黎明家，我问他爱人李海春，这屋子怎么这么乱呀？她无奈地说："他把家当成了旅馆，每天只有睡觉的时候才回来，而且从来也不拾掇屋子。他的东西摆放得乱七八糟，我刚刚收拾完，他就‘天女散花’了。前两年，我还经常收拾收拾，到如今，我也让他给‘传染’了，屋子乱就乱吧，我也是应了那句俗语，嫁鸡随鸡，嫁狗随狗吧。”

张黎明也有点不好意思了，说：“明知道你要来家，可我实在来不及拾掇，让你见笑了。”我连忙说：“不，你让我感到了你的真实。我也见过很多人，家里收拾得像皇宫，出门穿得像阔少，但对家庭，对事业却极不负责任。你让我看到了一个真实的劳模。在你的行动面前，任何赞美都失去了它的分量！”

我说的是真心话，因为，按照惯性思维，一个国家电网“十佳服务之星”的家里，即使不拾掇得像五星级宾馆，也得窗明几净吧？可在张黎明的家，一切都让人觉得不但寒酸，还有点脏乱差。我带着这种好奇，问了他的爱人：“张黎明在外边服务得那么贴心，那么周到，为什么在家里就显露不出来了呢？”

李海春说：“他呀，一天总考虑着为外人服务了，在家里啊，还不都得我给他来服务。刘老师，不怕你见笑，他在家，对家庭服务算是最差的了，一星都不够。”

我笑了，说：“都说鱼与熊掌不可兼得，他能够在国家电网夺得‘十佳服务之星’，也有你的一份功劳的，如果不是有你这个贤内助，他哪有精力去国家电网夺冠呀！”

李海春笑了，说：“我们黎明，那对工作的热心是没的说，就说他去参加国家电网竞赛吧，那个是一门心思的，在外边封闭培训了一个月，连电话都很少打过来。我埋怨他，他说拿回一个‘十佳’，就是对我最大的奖励了。”

父亲过世那年的8月15日，即父亲过世的第六天，张黎明代表滨海公司参加了国网天津市电力公司“服务之星”劳动竞赛赛前集训班，经过半个月的集训后又参加选拔竞赛，张黎明在七名参赛选手中脱颖而出，获得参加决赛的资格。9月1日，张黎明等三名入围决赛的天津选手开始为期二十余天的封闭集训。集训的范围包括：“95598”客户服务热线服务规范、现场服务规范、投诉举报处理服务规范、供电营业规则、供电服务标准等竞赛内容，强化演讲技巧并进行礼仪培训。张黎明在集训期间又拿出了他那个敢拼的劲头，全力以赴，一遍又一遍地强化记忆和理解，几百页厚的竞赛资料被他翻得卷起了毛边。他和他的队友相互配合，对着镜子不厌其烦地练习演讲技巧，每天的休息时间被他们不断地压缩，一个月下来，人都瘦了一圈。

张黎明和三位参赛的同事带着天津公司的重托，也带着决胜的信心奔赴了江苏，经过一个月的紧张备战，他们将和来自各省（区、市）电力公司的八十一名选手在江苏省电力公司生产技能培训中心同台竞技。张黎明参加了9月24日举行的决赛综合业务考试并成功晋级，获得参加模拟业务情景测试的资格。

在9月26日结束的国家电网第四届供电“服务之星”劳动竞赛决赛上，经过激烈角逐，评选出十名国家电网“十佳服务之星”、二十名“优秀服务之星”和五十一名“服务之星”，十二个单位获得了“优秀组织奖”。张黎明凭借着他二十多年来所积累的理论知识和实践经验，力克群雄，以总成绩第八荣获了国家电网“十佳服务之星”的称号，与他一道参赛的天津公司的孙斌和张莉，荣获了“服务之星”的称号。当张黎明身披绶带，手捧鲜花，站在颁奖台前时，他的眼睛湿润了，为了滨海公司和天津公司的荣誉，为了黎明共产党员服务队的伙伴，为了他一个多月来的辛勤付出，也为了他那远去的老父亲。

59　当奉献成为信念之时

张黎明载誉归来，在滨海供电公司产生了很大反响。一时间，各大媒体也纷纷报道了这一消息。可张黎明对此却显得很平静，在他看来，他这么多年所做的一切，获得的一切荣誉，都只能说明过去，他永远都走在行进路上。我曾和张黎明谈论过“奉献”一词。我问道：“你是怎么看待这么多年来，你所走过的路，你所做出的奉献？”

他淡然地说："这么多年来，我始终没有离开'抢修'这个岗位，这中间，我也见证了滨海公司的发展，见证了滨海新区的发展，也见证了我们国家的发展。对于我来说，我所取得的一切成绩都不光是我个人努力的结果，这中间凝结着集体的智慧。至于奉献，那也是父辈和企业多年培养和教育的结果。从我参加工作的那一天起，我受到的就是这种教育，老师傅们对我这个年轻人也付出了很大的心血，我走的每一步都有他们的鼓励和支持。所以，我认为，奉献就是一种信念，不需要什么理由；奉献就是一种态度，需要的是一种精神。"

我从张黎明这番话里看到一个共产党员内心世界的独白。我从张黎明身上所迸发出的思想火花，看到了一种力量，看到了一种希望。张黎明就像是一粒种子，当播撒之初，无人能看到他的未来。但是，平凡可以孕育信念，可以孕育感动，可以孕育成功，可以孕育伟大。张黎明和他的同事都很普通，当我们交谈时，也没有那么多的高谈阔论和豪言壮语，但是，一旦你走进他们的心里，就可以感受到他们的可爱和可敬了。

于是，在我脑海里留下了永久的印记。很多滨海电力人对"奉献"的理解，让我也更加深刻地了解了滨海电力人的思想境界和敬业精神。他们对"奉献"的理解，让我看到了这些普通电力员工，在默默奉献的同时，所展示出来的闪光的思考。

在滨海供电公司，在黎明共产党员服务队，有无数个像张黎明那样的人，在平凡的岗位上奉献着自己的青春和年华。谭靖是黎明共产党员服务队的副队长，他对待"奉献"的理解是："奉献是为了更多的人拥有幸福和快乐。以奉献为荣才是体现人生价值的最好方向。每当我们跳下抢修车，奔向故障点的那一刻，我们心中就充满了责任。在黎明共产党员服务队，我明白了一个道理，在现代社会，电力供应对人民的生活该有多么的重要，我们平时多吃一点苦，多挨一点累，老百姓就可以多享受一下现代文明带来的快乐。"

黎明共产党员服务队队员李晨说："奉献，这个看似平凡的字眼，但却

讲奉献，“黎明·明理”活动走进新城家园社区

能表现出一个人的人生价值观和思想的高度。高尚的‘奉献论’与正确的‘苦乐观’是紧密联系的。如果认为奉献就是吃苦，就是当‘苦行僧’，也是违背人的本性的。奉献是一种高尚的情操，因为，创造和奉献就是人类生存和发展的第一需要，也是享受的前提条件。所以，奉献者当然要吃苦，但绝不是为吃苦而吃苦。相反，奉献者都是苦中有乐，乐在其中的。我们把‘奉献’当作是一种爱，是对事业那种不求回报的爱和全身心的付出。对我个人而言，就是要把服务队的工作当作一种奉献来加以热爱和完成，从为民服务中做好每一件事儿，寻找奉献中的乐趣。”

在张黎明的辞典里，“奉献”是一种信念，也是一种力量。他说：“在我看来，奉献只有起点而没有终点。奉献，作为一种自我牺牲精神，是为了事业或工作而舍弃小我，一个人可以不顾个人得失，抛弃个人的利益，投身到所从事的事业和工作中去。对我们来说，爱岗敬业是电力员工最为普遍的奉献精神，它看似平凡，实则伟大。千千万万辛勤奉献的电力员工，如同蜡烛，虽然燃烧了自己，却点亮了万家灯火。”

从这一句句掷地有声的话语里，我感受到了黎明共产党员服务队队员的心声。当奉献成为一种信念时，那种力量是无穷的。今天，“奉献”在这里成了使用率最高的一个词。张黎明和他身边的同事每天都在自己的岗位上默默奉献着。他们也许只是百花园中的一枝花朵，甚至只是一片绿叶，但他们为了城市的光明，用青春和热血书写着奉献的感人乐章。

60 让黎明拥抱人生的精彩

记得七年前初秋的一天，我漫步在滨海新区外滩公园的休闲广场上，眼前是一座全国高度最高、长度最长的喷泉景观，其主喷高度达一百七十米、东西长三百六十米。这组喷泉共有二十七种水型，并有“水上喷火”的独特景观，堪称国内水景之最。

“如果是晚上来，这里就更漂亮了。”陪我一道出来的许惠智说，“您看，这广场内外装点了很多泛光灯、景观灯，再配以上万组风格各异的青铜景观雕塑，色彩纷呈，很漂亮的。每当我看到这般美景，就会有一种滨海电力人的自豪感。”

他的话让我不禁联想起“黎明出发　点亮万家”这句话。随着黎明共产党员服务队这句响亮口号的叫响，越来越多的人认识了张黎明和他引领的共产党员服务队。他们的闪光足迹也感动了越来越多的人。

2017年7月19日傍晚，一场暴风雨来袭，伴随着电闪雷鸣，东南风携着倾盆大雨泼向滨海新区，将城市很多低洼地带的街道变成了湍急的河道。当晚10时许，坐在值班室里的翟世雄已是心急火燎，报修电话一个接一个打过来，他还是头一次同时遇到这么多紧急情况，他发现一道值班的几个年轻人也都忙得不可开交，心里不免有些紧张。恰逢这时，门突然开了，张黎明出现在门口，虽说打着伞，但还是被雨水打湿了。

“队长！”小翟惊喜地喊出了声。

“带上工具，我们走。”张黎明冲他们笑了笑。大家顿时有了主心骨，迅速装备好，跟着张黎明冲进了风雨中。

风还在刮，雨还在下，夜色中，他们开着抢修车东奔西跑，哪里出现问题，哪里就有他们的身影，雨水顺着他们的脸上、身上流淌下来，可他们全然不顾，心里只有一个念头，一定要保证辖区企业和居民用电。就这样，他们一直忙到凌晨4时多，在抢修十多处故障之后，才回去休息。

第二天早晨，翟世雄早早地来到班上，当他一推开门，不禁愣住了，只见张黎明一手捏着半个煎饼果子，一手攥着手机，正歪在椅子上打着鼾声。“他实在太累了。”小翟默默地想。

“丁零零……”，张黎明手中的手机突然响了。翟世雄想上前接过手机，张黎明却醒了，一下子坐直身子，接过电话后说：“好，我们马上到！”

“来活了。”张黎明站起身去取“急修BOOK箱”，又对小翟挥了下手，“走，上车！”

后来，张黎明提起过暴雨中的供电抢修，他说：“不信您留意，这些年，京津冀地区在7月20日左右都会有大雨，我们抢修班不能有人请假，得严阵以待。那天是场‘大战役’，我们得排兵布阵。”

同事们讲，滨海有十几条线路，遇到暴雨，总爱跳闸。哪一条电路该派谁去，张黎明心里都有谱。大雨后，天气异常闷热，这时候又会有几条线路跳闸，这也就是大战役之后的一场小战役了。

“‘大战役’一般得30多个小时连轴转，根本也没有时间休息。”张黎明说。

“春有鸟害夏有雨，冬有污闪秋有风，最怕雷击造事故，定好措施好预防。”虽说抢修苦，抢修累，张黎明却胸有成竹，他从这些苦和累中总结出了经验，还编成了这句顺口溜。一年四季，什么节气有什么特点，什么地方哪些线路容易发生哪些故障，要做哪些准备，张黎明心里都有一本账。按照“账本”干活，活儿就干得有板有眼，有张有弛。翟世雄说起张黎明师傅来，就竖起了大拇指，那叫一个佩服！

青工王立国大学毕业后，来到了国网天津滨海供电公司，进班组前听说自己的师傅张黎明是个了不起的“电力名人”。他既好奇，又不服气，一个学历不高的班组老师傅，怎么就成了名人？第一次跟师傅进社区抢修，他惊异地发现有很多居民围上来，像围着明星一样，和张师傅拉着手说着话：“黎明来了，我们就放心了！”

猛然间，王立国感觉到了黎明师傅的气场好大啊！渐渐地，他发现张师傅不但抢修是把好手，就是科技创新也技高一筹，主持的项目获国家专利就有二十多项，自己这个大学生差远了。从师傅身上，他学到了很多技术，也学到了许多做人的道理。有天晚上，他和师傅去一个巷子排故障，送上电已是半夜了，天又突然下起大雨。师傅看他穿得单薄，就脱下上衣披在小王身上。张师傅冒雨骑着自行车先送他到宿舍，然后才回家去。夜色中，王立国默默地目送着雨中骑行的身影，两眼闪动着激动的泪花，心里立下誓言：“师傅，我跟定您了！”

几年后，王立国在张黎明师傅的引领下，凭借自己的努力荣获了一枚国家电网青年创新创意大赛的金牌。他说：“当我拿到金牌，最先想到的就是师傅，是他为我树立起学习的楷模，这是我人生中第一枚奖牌，是师傅带着我们得到的。”

这是滨海电力人在用自己的热情和行动，热爱着自己的岗位，坚守着自己的职责；用自己优质的服务，践行着国家电网“努力超越　追求卓越”的企业精神，诠释着国网天津市电力公司和国网天津滨海供电公司员工对企业的忠诚，对社会的奉献。让黎明拥抱人生的精彩，将一颗滚烫的心捧出来与光明同行，多一分付出，就能换来多一分的平安；多一分责任，就能收获多一分的认可；多一分的热心，就能赢得多一分的赞许……

第十三章　从时代楷模妻子那寻找感动

61　成功男人背后的女人

四年前的春天，我为写《黎明　我们出发》来滨海采访，在我即将回京的那天晚上，张黎明盛情邀我去他家坐坐。我也正想借这个机会和他的内当家交流交流，便欣然前往。这是我第一次见到张黎明的爱人，发现他俩很有那么一点夫妻相，两人看上去都那么朴实，两人脸上都常挂着那种毫无掩饰的微笑。我们见面没交谈几句，就觉得很投缘了，落座后，趁着张黎明忙着沏茶的空隙，我就和她聊了一些看似题外的话。我问她，儿时对张黎明的印象如何?

“当时也没什么印象，可能太熟了，有点熟视无睹了。”海春笑了笑说，“当时，黎明妈妈在理发店理发，我理发就认一个地儿，是那儿的常客。黎明也常去那儿，一来一往见面的次数就多了。后来，听说他上了天津电力技工学校，有天在路上碰到他，感觉他长成大小伙子了，心里就有了种害羞的感觉。”

海春那会儿也到了谈情说爱的年龄。一家女，多家求，上门提亲的人也不少，可也没有碰到合适的。直到有一天，黎明的母亲找到了海春妈，转弯抹角地提起了亲事，也许两家都太熟了，真可谓一拍即合。海春说：“我的父母对张黎明的印象本来就不错，再加上黎明的父亲在中建六局是出了名的老实人，口碑很好。我们两人也都没意见，这亲事就做成了。”

一晃结婚也二十多年了，这些年，张黎明成了全国五一劳动奖章获得者、国家电网劳模、国家电网十佳服务之星、天津市劳模……当时，天津公司正在为他申报全国劳模。张黎明的荣誉多了，名气也大了，但在海春这个劳模妻子的眼神里，我并没有看到她有多么自豪和骄傲。提起张黎明，她常挂在嘴边的一句话就是：“他还是昨天的张黎明。”

她是个能体谅丈夫，关心丈夫的贤内助，这是李海春给我的第一印象。

交谈中，她始终面带微笑看着我，神色里流露出一种朴实和真诚。我突然意识到，张黎明是幸运的，他的成功真就离不开青梅竹马的爱人。结婚这么多年了，她一直在默默支持丈夫的事业。我问李海春，嫁给张黎明，多挨了不少累，你抱怨过他吗？她说，要说不抱怨，那是说假话，他这么多年来，把家当成了大车店，说来就来，说走就走，有时候累极了，我也朝他发火。可静下心来细想想，他图得啥？想到他一天风里来，雨里去的，也挺不容易的，我也就消气了。

我们边喝茶边聊天，谈到海春的老家虽在河南开封，但她也生在内蒙古的海勃湾，说她与张黎明青梅竹马，缘于儿时她父母也是中建六局的职工，和黎明家住在一个大杂院里。她告诉我，生她那年恰逢初春四月，出生地又带个海字，家里就取名为海春。说起来，还和张黎明的取名有异曲同工之妙呢。李海春大张黎明四个月，两家同住一块，相隔也不过百米，到了两岁时，两家一道随中建六局搬迁到湖北十堰，十年后，又一同搬到了天津塘沽。

她告诉我，在海勃湾那会儿，两家住前后院，搬到湖北十堰后，住的距离远了些，接触也并不多，只感觉他是个话语不多的人。后来家搬到天津塘沽区的工农村，与张家隔了一条小马路，虽说和他同在一所学校，但那会儿男生和女生和现在不同，都是不说话的，有时远远看到，甚至会装作没看见的样子，绕开走了。

这世界上有许多事情，让人不得不相信缘分的奇妙。我怎么看，怎么觉得他俩有夫妻相，言谈举止都那么直来直去，为人都是那么率真朴实。之前，我问过张黎明，娶了李海春，整天不顾家，你愧疚过吗？他说："怎么说呢？娶了海春，愧疚自不必说了，可那也是我一辈子的福分，她是一个要强的人，年纪轻轻却下了岗，这么多年了，一个人操持这个家，培养孩子，让我少了后顾之忧，没她的理解，我也走不到今天。"那天，我们坐在一块聊了许久他的妻子，我恍然发觉，张黎明说着说着，眼睛湿润了。

后来，我又见到了李海春，我没有问她这么多年是怎么过来的，但我从她的眼睛里，看到了一个女人刚毅的眼神，这种眼神真的很让我感动。原来，作为下岗女工的她，从来就没有“下岗”过，这么多年来，她在用她柔弱的肩膀，扛起了一个家，也扛起了一份责任。

疼爱孩子是做母亲的本分，李海春也不例外。儿子上了大学，虽说校区离塘沽不是很远，但也有几个月不见了，当妈的想儿子想得不行，好不容易周末回来，只待了一天就要回校，李海春就想送儿子回学校。那天虽说是周末，但张黎明也没空儿，她就自己开车送孩子。天津大学的老校区在闹市，可儿子上学的北洋园是个新建的校区，偏僻不说，还很空旷。

“我开车的技术不行，去的时候是傍晚，又赶上长这么大从没见过的大雾天，天地间白蒙蒙的，一路要打着车灯，几米之外都照不到任何东西，四周静得要死，茫茫一片。我生怕撞到什么。把儿子送到天已经黑下来了，我开车往回走时，已是晚上8点了，一路没有人。我自己开着车，又拿把钳子放身边防身，远光灯也打不了多远，加上很长一段路没路灯，我当时挺害怕的。开了好一会儿，终于看到远方有灯光了，美得我啊，高兴地哼起了歌，把车开回了家。现在，儿子上班了，逢个下雨阴天什么的，我就想起那天孤独地开车走夜路，就惦念他一人在外是否有孤独感呢?”李海春动情地给我讲述着，“这么多年，家里不分男女老幼，所有的事儿都是我在做。后来换了新房，为了省钱，从刷油漆，到铺地板都是我在干。好在儿子懂事省心，也听话，我常对儿子讲，不要借老子的光，要自己发光，在外不能靠老爸的面子，一旦自身膨胀了，怎么办?我对张黎明也说‘我都不想借你的光’。”

这就是时代楷模张黎明背后的女人，一个明事理、懂大局、做实事的妻子，张黎明有这样一个贤内助，他很知足!

62　下岗妻子撑起一个家

说起张黎明的妻子李海春，当年和张黎明谈恋爱时，也有一份令人羡慕的职业：天津丝绸厂的挡车工，那是一家国企，在人们眼里就是一个铁饭碗。我印象里，在那会儿，做一个纺织女工很光荣的，形象经常会出现在银幕里和舞台上。1993年，李海春调到了离家近一些的天津新港毛纺厂，虽说这也是一家国企，但当时很多国企在商品经济大潮冲击下，已举步维艰，经营越来越困难了。到了1995年，这家毛纺厂破了产，区区8000元人民币就买断了工龄，二十六岁的李海春下岗了。

张黎明回忆当时情景，妻子的情绪低落到了极点，她怎么也想不通，在厂里干得好好的，怎么就突然丢了饭碗呢？海春不是一个不能吃苦的人，也不是一个喜欢叫苦的人。当年生儿子时，落下了个风湿病，这么多年病痛一直在折磨她，可她上班时，面对同事还是乐呵呵的，从来也没表现出来。

李海春下岗的最初日子，丈夫上班，儿子上学，只剩她孤零零守在家里，买菜、做饭、做家务，人就像丢了魂似的无所事事。因而，丈夫回到家常常会遇到这种情况：平日乐天派的妻子，只为一件小事，就发上一通无名火。过后，李海春也后悔，并试图努力改变自己。下岗后，她打过零工，做过居委会治安委员和卫生委员，还到物业公司做过清洁工，但这些工作有的太耗费时间了，有的太牵扯精力了。看到劳累一天的丈夫和孩子回到家经常吃不上热乎乎的饭菜，她心里也隐隐作痛。为了丈夫的工作和儿子的学习，她最后又放弃了打工。她说："这就是命，谁叫我做张黎明的妻子呢！"

"不过，我现在理解她了。"张黎明对我说，"很难想象，一个人整天待在家里，没有朋友，没有同事，没有人说话，孤单地守在家里，做了二十年的饭，脾气再好的人也会疯掉的。"

好在儿子上大学了，李海春也算减轻了一份负担，没先前那么忙了，可心里也空落落的。好在儿子挺争气，两年前以优异成绩考上了天津大学机械系，前些年的付出，也没算付之东流。只不过，当妈妈的，一周见不到儿子就挺想的。那年夏日的一天，她对丈夫说："孩子有好长时间没回来了，咱们去看看他吧。"

张黎明就开上车，拉着妻子去了市区，走到半路，母亲想给儿子打个电话通报一下，没想到儿子不愿让父母过去，说他在参加一个社团活动，没时间照顾他们。张黎明对着妻子苦笑了笑，只好又调转车头往回开。

车子开到了汉沽农场，见到有个农贸市场，张黎明就把车子停下来。他想和妻子一道逛逛菜市场，也算没白跑出来一趟。在路过一个卖鹅蛋摊点时，李海春惊讶地看到摊主是一个和她年龄相仿的妇女，挺个大肚子，像个孕妇。她不由得停下脚步，小声对丈夫说："你看这么大岁数了，怎么怀着孕，还来卖鹅蛋？"

谁知，李海春和那个大姐一聊才知道，她根本就不是怀孕，而是腹部水肿。那个大姐告诉他们，她曾在一个化工厂工作，患上铅中毒，全身浮肿，由于患病，就提前病休了，每月领3500元钱，连买药的费用都不够。她老娘对女儿说，成天待在家里不好，让她出来晒晒太阳。这不，她就跑到集市卖起鹅蛋来。李海春听到这儿，眼圈也红了，不光是为了那个女人，也是为了自己。她当即买了几斤鹅蛋，回头对丈夫说："看看人家，都病成这个样子，还出来干活，我也要找份工作！"回到家，李海春将其中一个鹅蛋的底部凿开一个小孔，将蛋清和蛋黄倒出来，然后在上面用红笔写上了两个字"坚持"，并摆放在卧室的小桌上。

63　只因她是劳模的妻子

张黎明久久望着妻子，他还能说什么呢？从内心讲，海春在家里挨了一辈子累，儿子长大了，照实说，也该享享清福了。可海春的心思他也懂：她不甘心一辈子就这样守在家里，儿子长大了，她也希望能走出去，做点自己喜欢干的事儿。他担心的只是，海春的风湿病好多年了，一活动多了，腿都会疼得厉害，出外工作能挺得住吗？妻子说，还是试试看吧。

没过几天，张黎明就带着妻子来到中新天津生态城应聘方特游乐园的保洁员职位。面试通过了，李海春很兴奋，跃跃欲试，大有好好干上一番的劲儿。但想法和现实毕竟是有距离的，而现实往往是冷酷的。李海春兴冲冲而去，也只坚持了一个星期，就不得不辞工了。原来，游乐园的保洁工作主要是包片打扫室外和厕所保洁，由于游客多，她一天要不停地打扫卫生，那年夏天雨水多，刚上班就赶上两场雨，又没有雨鞋防护，结果风湿病犯了，痛得她晚上连觉都睡不着。李海春还想坚持，但张黎明苦口婆心地劝她别干了。他心疼自己的妻子，这份工作真的不适合她。

几天后，国网滨海供电公司时任后勤主任杨永柱得知了这事，就热心帮忙推荐了一份工作，是去公司下属农电所的小区物业公司做总管。李海春嘴上答应了，还是犹豫了好几天。她私下对黎明讲，自己还是喜欢能干点体力活，不愿意去管人。其实，她心里考虑的是，自己的丈夫是全国五一劳动奖章获得者，是国家电网劳模，怕因此给外人造成受人家照顾的印象。在物业公司的日子里，李海春作为总管，每天早来晚走，也尽心竭力做了许多工作，除了日常安排保洁员工作，还做保安的思想工作，也解决了几次雇主与物业人员的纠纷。但没过多久，她还是坚决地离开了那里。人家不理解，她怎么坐着挣钱的活都不愿干了呢？对此，只有丈夫最理解她。她是怕让人说闲话，那岂不是影响黎明的形象了吗？就这样，李海春又一次辞工回家了。最后开的那点工资，李海春分文不动，都存放在柜子里，只是想作为一个曾经的纪念。

经过这两次不成功的求职经历，李海春出门找工作的热情低到了冰点。她对丈夫说：“我这个人啊，原本想得挺好，只是不知道想找点事干，融入社会还这么难。得，我还是在家给你做饭吧。”

“这就对了。”张黎明正中下怀地说，“现在孩子大了，生活也好多了，我不想让你这么大岁数，一身病，还当劳动力使唤，有我一个人在外挣钱，够你花的了，我还想一回到家吃上你热乎乎的饭菜呢！”

“我不是为了挣钱，我只是不想窝在家里，也想出去晒晒太阳嘛。”她心里酸溜溜地说，“唉，只怪我这不争气的身子骨。”

张黎明理解妻子的苦衷，便说：“条条道路通罗马，咱不在外边打工，不是照样可以晒太阳吗？你可以像社区里的老大妈那样，上上老年大学，练练瑜伽，打打太极，强身健体，多好啊！”

在张黎明的鼓动下，李海春的心活了，她开始重新安排自己的生活了，这一年多来，她的兴趣越来越广泛，练瑜伽，打太极，学中医，上老年大学……她如今把自己的行动日程安排得满满的，气色也渐渐好了起来。

从此，张黎明的生活习惯也悄然发生了变化。每天回到家，海春都要向他传授养生健身之道；每天上班前，她都会用保温杯给他沏上中药保健茶，让他带到单位里去喝。

我在与李海春的交谈中看到，如今的她早已从下岗阴影中走了出来，开始了一个中年女人的新生活。一个女人这么多年都将对丈夫的爱，对孩子的爱融于默默的奉献中。张黎明心存感激地对我说："结婚二十多年了，每天都有热乎乎的热饭，都有热乎乎的热茶，我知足了！"

64　海春眼中的张黎明

这之后，我又数度采访过张黎明，每一次采访都有新的感悟。张黎明为人简单，做事简单，就像一泓清泉，清澈透明，一望见底。我们之间的交谈，他从来不忌讳揭自己的短，就连在电力技校用"小发明"套学校食堂西红柿的"丑事"也亮了出来，更透出了他磊落可爱的一面。那天，他又揭了自己的一个短：前些年，他家住得离工区很近，只隔了一堵墙，遇到事故处理的紧急时刻，他也经常会做出"翻墙头"的"不雅"之举。

对我来说，这些"故事"往往与妻子李海春的讲述有不谋而合的感觉，张黎明就是一个看起来很粗，但又很细的人。他的"不顾家"让妻子爱也不是，恨也不是，用她的话说，只能是"嫁鸡随鸡，嫁狗随狗"了。

2009年夏季，一场暴雨袭击了塘沽地区，黎明共产党员服务队又一次连夜抢修。到了10点多钟，妻子李海春打来电话，问黎明晚上还留不留门。张黎明说了句模棱两可的话，结果差点闹出大事来。当晚，他还没来得及回家，又遇到了新险情，他早就把先前的话忘到了脑后，一直忙活到凌晨两点，突然接到妻子的电话，不过她这次电话的语气完全变了调，手机传来惊恐的声音："黎明，咱们家进来人了！"张黎明吓了一跳，慌忙问情况怎么样？妻子说，有个闯进门来的贼，被她拿着棍棒赶跑了。他听到这才算松了

张黎明与妻子做家务

口气，但还是放心不下，就打电话让一个离他家稍近的抢修现场同事代他到家看望一下。

第二天早上张黎明回到家，妻子的脸色变得很难看，埋怨张黎明不回来就说不回来，不该信口开河，差点酿成大祸，现在想起来还有点后怕呢！原来，张黎明常加班回来很晚，为了不惊醒熟睡的儿子，妻子就习惯将家里防盗门虚掩着，这样，丈夫进来就没有太大响动了。可谁知就在那天晚上，贼还真就撬开木门摸进来了，李海春在睡梦里被一个动静惊醒，起初还以为黎明回来了，可定睛一看门口站的却是个陌生人。她也不知哪来的勇气，顾不上穿鞋，跳下床来，大喊一声冲过去，反撞上木门，那个小偷也闻声逃窜了。李海春将门反锁之后，方感到后怕，心都要蹦出嗓子眼了，就匆忙给丈夫打手机。有了这次历险经历，李海春再也不敢虚掩门了，每天晚上老早就把防盗门反锁得死死的。

我听了张黎明的讲述，半开玩笑地说：“那个小偷也是没长眼，怎么想起偷你张黎明家了，若知道你那点家底，打死也不会进来的。”张黎明笑了，说：“没错，你到过我家，也都看到了，满屋子也找不到什么值钱的东西。我是喜欢收藏，但到旧货市场也不过淘个百八十块钱的小玩意儿，压根就没超千元的东西。”

刚开始，海春没少埋怨丈夫。但是张黎明理解妻子，月子里落下了病根儿，夜里电话一响，总休息不好。再说，李海春工作到第三个年头就下岗了，后来又干过临时工，摆过小摊，做过保洁。没有工作，她心里苦，有疙瘩。“我的工作，没日没夜的，家里照顾老人和小孩，都是她。”说到此处，张黎明眼中满是愧疚。

那是2018年5月的一天，我在静静地听着李海春的讲述。不禁在想，企业让这么好的工人下岗，太失算了。如果不是岁月的嘲弄，我相信她在企业里会是另一个张黎明。她识大体，顾大局，无论心里有多苦，从来也不会怨天尤人，只是默默地做自己的事情。张黎明有她这么好的“对象”，才成就了他今天的辉煌。

“一句话，张黎明常年忙在单位里，从来就没有休闲的概念，看他早出晚归，没日没夜，我心疼他，我希望一家人过团团圆圆的生活，但我又理解他，他是在为国家为百姓服务，舍小家为大家，这个道理我懂。”她说，“前两年，我们家那套老房子想卖掉，改善一下住房条件。碰巧有个北京的客户来塘沽买房看中了这个户型。他半夜9点多给我打电话，说要过来谈谈。我说这么大的事要和丈夫商量商量。他急着要买，没一会儿就开车跑了过来。我电话联系不上黎明，就只好去单位找他。当我走进黎明服务队，见任峰书记正在和他谈工作，所以他把手机关了。任书记看我这么晚跑过来，就问有什么急事儿？我连忙说，没有事儿，我就是来溜达溜达的。我转身回去后跟那位买主说，张黎明确实没有时间，房子就算了吧，我不想卖了。那个人还不太相信，说：‘不卖就不卖，还找理由，这么晚啦，谁还会在聊工作？’”

我看李海春说到这里，眼里含着泪光，心里也生出几分感动。她停了一下，又说：“眼下，张黎明的辛勤付出得到了组织上的认可，得到了老百姓的认可，并给了他那么大荣誉，我替他高兴。可我心里也有负担，对他的宣传千万不能做出什么假大空来。

“我这么多年下岗，我的内心在挣扎，但好在有张黎明这个精神支柱，我挺过来了。生活中，有好多事情都特别感人。我有长期慢性风湿病，一度曾经非常纠结，也非常痛苦。但自从遇到了那个大姐，对了，就是上次向您提到过的，在汉沽农贸市场上，初见还以为是怀了孕的那个卖鹅蛋大姐。她那种乐观，让我惊讶；那个细节，我至今难忘。我写着‘坚持’二字的那个鹅蛋壳，六七年了，到现在还摆在我卧室的小桌上。她是一个退休工人，一个月退休金才3500元，吃药都不够，可她谈起这些事来，就像在说别人一样。这位大姐彻底改变了我对人生，对生活的态度。生病是不好的，会造成痛苦，可直面人生，寻找幸福，却能将痛苦变成了快乐，坏事也会变成好事。”

“生活中，有的人精神状态好，幸福感就强。上月去老娘家的路上，路过一个绿化带，有个老头，种的绿油油的韭菜，我问卖不卖，老人说，想吃就割去。我以为他在开玩笑，可看那种神情，是那么真诚。他是在告诉我，种靠我，吃靠别人，谁想吃，谁去拿，我就图个快乐。我那天检查身体，查出了毛病，当时掉过眼泪。到了礼拜天，我跟黎明说：‘咱俩遛遛弯儿去。’黎明头天回来得太晚，困得不行，想继续睡觉。儿子又要去加班。我一琢磨，只有我养的小狗能陪我，于是就写了一首打油诗：

夫闲睡觉，
儿忙外跑，
就你可靠，
随叫随到，
赏顶花帽，
陪我晨跑。

“我将诗念给邻里听。他们听了都乐得直不起腰了，看来寻找快乐，真的能感染到别人。”

那天，我一直在听，很少插言，我发现我在劳模妻子那平实的语言里寻找到了真正的感动。临离开时，我说：“我知道，这么多年来，你一直在身后默默地支持着张黎明，他在我跟前没少夸奖你呢。军功章有他的一半，也有你的一半。”

李海春笑了，说：“他是那么说的吗？当我的面，他可不是这么说。黎明在家里还给我起外号呢。我一多说话，他就跟儿子说，看，李科长又开始训教了！”

65　其实他就是一个工人

“张黎明，他其实就是一个工人。”李海春笑着对我说，“黎明就是这样一个人，工作上，一丝不苟，生活上，却从来不讲究。在穿着上马马虎虎，也没什么新和旧的概念。说过多少回，我看他还那样，也不管他了。他最大的乐趣就是想干活，想创新。他对机器人，寄托了很大希望，是想尽快把机器人做出来，早日代替他那些带电作业兄弟的辛劳，减轻劳动强度，让工会变得更安全。他说，关键是想点子，这就是他工人的本色。”

我坐在张黎明的家中，听着他的妻子对丈夫的评价，中肯而实在。其实，作为全国时代楷模的张黎明，也并非是不食人间烟火，只知道干活的“拼命三郎”。在与张黎明的接触中，我发现他很单纯，甚至还有几分童心。三年前，有一天晚上吃过饭，张黎明带我去他家里，爱人埋怨他，客人来了，事先也不告诉她一声，看屋里乱糟糟的。张黎明却说：“刘老师又不是外人，哪来那么多讲究！”我环顾四周，房间里是挺杂乱的，没有一件像样的家具，书架上的书摆得也毫无章法。张黎明对我说，他喜欢收藏，贵的买不起，就收藏小玩意儿，时常到旧货市场去淘些物美价廉的。他说着从箱子里掏出好多文玩核桃，还饶有兴趣地讲起盘玩核桃的技巧。他说着就拿起一对包浆很好的核桃把玩起来，还说在班上累了，回到家里把玩核桃，既健脑又锻炼手的灵活。临走了，他还将一对核桃送给我，嘱咐说，平时在家多多把玩，手中的汗液能让核桃更好地吸收，有汗液的酸碱度核桃上色快。

李海春告诉我，开过党的十九大之后，她发现张黎明变了，作为党的十九大代表，变得责任心更强了，创新的劲儿更足了。除此之外，他还多了一个活儿：巡回宣讲。每次出去讲课，他都很投入，认真备课，对象不同，讲课的内容也各不相同。但是，我感觉到他当下的应酬太多，有些不适应，可他最多只是一声叹息，绝不会表露在外面。我心里清楚，黎明的乐趣在于有时间干活。他常跟我说："我就想干活，开会的事儿太多了，有点失落感。"

我对海春说："这个想法是可以理解的，黎明从事抢修工作三十一年，一天东跑西颠，忙惯了，这冷不丁地换了一种工作方式，不适应是正常的。"

"这两年，黎明受邀进京参加中央庆祝中国共产党成立95周年系列活动，受到了习近平总书记的亲切接见；作为党的十九大代表，参加具有历史意义的党的十九大，多次进人民大会堂开会。他深受鼓舞，说这是党和组织上对他这个蓝领工人的关怀和鞭策，只有更加努力才能不辜负党和人民对他的期望。"李海春说，"我替黎明高兴，就逗他。我说，我爸爸20世纪50年代，进京是去建人民大会堂，没想到，几十年后，你也进人民大会堂开会了，真是前人栽树，后人乘凉啊。"

李海春还告诉我："黎明常常对我说，他只会干活，不会管人。你们说他能干，这不假，可他也有脆弱的一面。黎明有这样的性格，心里有委屈不说，累死也不叫苦。有些事情不情愿，但考虑到是组织上的安排，又不想说，就闷在心里。所以，我就留下了任书记的电话号码，想有事找他。前些天，这个号码还真就用上了，我连着给任书记发了好几条短信。

"这事的起因是这样的。前些日子，央视为宣传新选树的时代楷模，来拍张黎明的节目。大前天，他一直忙到晚上10点多才回来。他跟我说，采访的记者让他、妻子和儿子一起参加电视采访节目。我不想让儿子从班上回来参加这档节目，儿子刚毕业参加工作，我怕他影响工作，坚持让他上班去。我就对他说，组织上树榜样，希望影响更多的人，我做妻子的支持，但这是你的事情，我不想让孩子沾你的光，不让他上镜头。

“黎明有些为难，说人家是好心，我怎么好意思拒绝呢？我说，我就不想让儿子上节目，你自己的光环，你自己带着，孩子小，刚走上社会，温室的小嫩苗，突然暴晒在太急太强的光芒下，会晒出问题的。于是，我就给任书记发短信说，不要让我孩子来参加拍摄，容易使孩子自我膨胀，没意思。任书记很通情达理，就爽快答应了，我一颗悬着的心才落地。

“我这个孩子真的很听话，像他爸，每天业余时间都在学习。他就喜欢看书，业余时间时常躲在宿舍里充电。儿子如今是子承父业，参加工作后，就到了一线班组锻炼。我想，在这个时候，如果让儿子抛头露面，肯定不合适，就儿子的性格，他也不会愿意这样做。当然，我可以上镜头，谁叫我是张黎明的‘对象’呢？”

她说到这里笑了笑说，反正我都拿退休金的人了，也不会造成什么影响，全力支持黎明是我分内的事。说起来，我下岗这么多年，都是在沾电力的光，我们全家人都把电力公司当成家来依靠。李海春还讲了一个最近发生的故事：

“今年年初，天津公司领导得知我的身体不大好，出于关心劳模家属的考虑，要给我做一次体检。我不想去，拖了好久，最后拗不过，还是去了。一体检，却查出了我的乳腺有些问题，当时我就哭了。我不光是为自己，而是怕拖累了黎明。他这么多年很不容易，一年到头，风里雨里，早来晚走，本来就很累。我这么多年下岗，全靠他一个人挣钱支撑这个家，每年还要给我交一万多元的养老保险。好不容易熬到领退休金的日子了，偏偏又遇到了这件倒霉的事。

“这些年，我一直也没去体检，体检一次要2000多元。我舍不得花那笔钱。常年的风湿病，一个月的药钱就是半个月工资，我就自己配药方抓药。我手里很少过钱，对钱也没什么概念，一家子穷，又不愿花，所以穿着也不讲究。前两天，一个作家来采访我，说你的穿着很简朴啊，一看就是个贤内助。陪着采访的人说，黎明嫂子经营家庭上，比黎明有智慧。其实，夫妻间还谈什么智慧？我是看黎明辛苦，心疼他，就尽量把家里的活都干了，不让他分心，踏踏实实做公家的事。”

听到这里，我被深深打动了。这就是一位时代楷模的妻子，没有豪迈的语言，没有刻意的修饰，说的是大实话，做的是大实事。虽然，她没有做出什么惊天动地的事业，但她在用那颗朴素善良的心，温暖这个家，温暖张黎明的心。她拥有人生的那一片土地，行走在人生的山川之间，吟咏于莽原之中，虽也曾有过惆怅，但早已像浮云悄然飘散；虽也曾有过灰心，也随晚风一同吹走。

我想，张黎明的成功绝不是偶然的，除了自身的努力奋斗之外，他还有一个懂他、爱他、支持他的好妻子。我从这位时代楷模的妻子那里，也寻找到了一份感动。

第十四章　有一种精神叫黎明精神

66　在劳模荣誉光环的背后

全国劳动模范、全国五一劳动奖章获得者、国家电网劳模、国家电网十佳服务之星、天津市道德模范……张黎明的荣誉多了，名气大了，随之议论也多了。有人说，滨海公司有点好事儿都让他张黎明一个人占了，别人只有当陪衬的份了；也有人说，张黎明得这个奖状，得那个奖章，奖金肯定得了不少，是不是也该分给大伙一点呀？对此，张黎明虽说外表乐呵呵的，可内心也一肚子委屈，又不知冲谁去说。有一天，他找到老领导檀庆宪，谈了自己的苦恼。说句心里话，他对这些不期而至的荣誉，还真没想得太多，想得多的只是在荣誉面前，如何把握好自己，不让黎明共产党员服务队这面旗帜沾上污点。

他告诉檀庆宪，这几年他获得的荣誉不少，奖金也有一些，但他将大部分奖金都花费到服务队里，譬如，慰问服务队的同事，为孤寡老人服务，为社区志愿服务对象换电器小零件。他委屈地说："檀书记，有人说我得了荣誉还得钱，可我并没都装进自己的腰包，我只是把它花到了该用的地方。"

"听了他的话，我真是一番感慨，在荣誉光环的背后，张黎明付出得太多了。"檀庆宪对我说，"张黎明是一个有血有肉的人，遇到他人的不理解和冷嘲热讽，他也会有苦恼。但是，他每次都会很快把苦恼排遣掉，每次都能正确地看待误解，并当作继续前进的动力。"

值得庆幸的是，随着时间的推移，人们对张黎明越来越理解了。张黎明和黎明共产党员服务队的理念和作风已深深植根于滨海公司这片沃土上，志愿服务者的队伍也扩大到了滨海公司的各个供电所，各个工区，各个角落……

"庆宪兄，很长时间以来，人们都习惯用审视的目光来看身边的劳模，认为他们就该是不食人间烟火的人。"我说，"其实，他们也是普普通通的人，也会有人生的苦恼，也会有不尽如人意的地方。”

“是啊，人都说张黎明是乐天派，可他也有一筹莫展的时候。”我的话勾起了檀庆宪的回忆。

他接下来，说了一件先前鲜为人知的事情。那是好多年前的事儿了，有一天，张黎明来办公室找到檀庆宪，情绪低落地说，他们两口子闹矛盾了，海春要离婚。檀庆宪一惊，问他为啥？他说，妻子怀了二胎，说胎儿太大没法子做流产，非要生下来。为此，他俩吵得不可开交。他让她做掉，她就是不做，还说不行，就离婚！

檀庆宪听到这儿，反倒松了口气，说：“原来就这么大的事呀？值得离婚吗？”

张黎明委屈地说，“檀书记，您说我是个共产党员，又是个劳模，如果对象都带头不计划生育，我的脸往哪儿搁呀？”

檀庆宪笑了，说：“海春说的是气话，你放心，婚是离不了的，我和她谈谈。”

送走了张黎明，檀庆宪拨通了张黎明妻子的电话。他没有直奔主题，只是说：“海春，张黎明自从到了服务队，就更顾不上家了，一天到晚在外忙活儿，很晚也回不去家。平日在家，无论多晚来了抢修电话，他都是扭身就走，你这当妻子的毫无怨言，很不容易。”

李海春一言不发，在一边静静地听着，很显然她在揣摩檀书记话里的含意。

“我这个人呢，和黎明一样，心有点粗，光知道让他工作了，很少关心他家庭的困难。”檀庆宪继续说，“谢谢你对黎明的关心照顾，对他工作的支持。你有什么困难就和组织说说，我来帮你解决。”

“没有，没有困难。”李海春急忙说，“我们黎明也是大大咧咧一个人，领导还要多多帮助。我这边，您放心，不会给领导找麻烦的。”

撂下电话，檀庆宪一块石头落了地，心想，响鼓不用重锤敲。黎明的妻子毕竟是个明事理的人，当初在气头上说的话，冷静下来也知道该怎么做的，一定不会继续为难丈夫的。果然这件事就这样平息了下来。后来，他们两家人的走动也活跃开来，还经常聚在一块聊聊家常。

67　他是粗中有细的男子汉

在国网天津滨海供电公司，张黎明真算得上是个大忙人，经常被兄弟单位请去讲课、做报告，还兼任国网天津市电力公司的客座教授。他是天津市电力系统为数不多的理论知识和实践经验都拔尖的人物。他将长期在电力抢修一线积累的实战经验，都做成了数据库，并对同事们开放，遇到疑难问题，查找一下，很容易就找到问题的症结，很多人都尝到了其中的甜头，说，张黎明想得可真细，这一下就可以提高效率好几倍的。

在黎明共产党员服务队，张黎明也是个灵魂人物，是大家的主心骨。在同事眼里，张黎明爱动脑子，做抢修工作心细如丝，因而，但凡抢修工作中遇到了难题，人们首先想到的就是赶快去找张黎明，无论多么复杂的情况，只要他一到现场，问题就不是问题了。这也体现出张黎明的严谨求实精神。在他看来，生活中可以粗一点，但工作中一定要细心，坚决做到精益求精。

不过，我在黎明共产党员服务队，也听到了对他的另外一种评价："粗心"的张黎明。张耀心是黎明服务队为数不多的女大学生，也是黎明服务队公认的女秀才，很多新闻报道和材料都出自她之手。张耀心和我谈起张队长滔滔不绝，可说着说着就笑场了。

"刘老师，您别看我们队长搞起发明创造来，心那么细，可平时却是个马大哈。我给您举个例子吧。他进了办公室经常丢两样东西，一个是手机，一个是水杯。说不定什么时候，就会听到他嚷嚷，哎，谁把我的杯子拿走了，刚才还在呢。满屋子的人都在帮他找，都找不到。原来是他去别的屋子，顺手把杯子丢在那儿了。"她停了一下，对我讲，"我们队长工作是个很细的人，您看他搞发明专利，细到了别人熟视无睹的现象，他却能抓住细微环节，找出解决的关键点。我们队长又是个生活很粗的人，他在队里是典型的衣冠不整，抢修回来，鞋上沾满泥，衣上挂满土，也不想着换一换。他穿衣服不讲究也是出了名的，有次公司领导看见他，惊呼，哎，张黎明，你怎么穿的衣服啊？我一眼望去，就能看到七层，注意点形象好不好！”

对此檀庆宪也自有他的评价。他对我说：“小张说得没错儿，张黎明的特点也真够鲜明的，闲暇时常常不拘小节，穿着上也常常不修边幅。上班来时，衣服还干干净净的，出了一次抢修，回来沾的泥巴就这一块，那一块了。我说他太邋遢，他还不服气，说干活哪儿那么多讲究。”

我笑了，说：“也不尽然吧，我采访过他几次，怎么就没看出他邋遢呢？”檀庆宪说：“那他是把你当客人了。不信，日后你常来几趟，他就露‘原形’了。对了，你还没看他自己那辆座驾吧？平日，他经常开着自己的私车去干公活，就连别的员工也偶尔开他的车办公事。有一天，我搭他的车，一头钻进去，差点没把我熏出来，再一看，唉，原来是吃饭剩下的菜打了包，忘了拿，大热的天都变味了。”

听到这儿，我猛然感觉，张黎明挺可爱的，平时看着粗粗拉拉，可一干起抢修来，就啥都不管不顾了。年轻时，一定是个阳光大男孩。

我不禁想起黎巴嫩著名诗人、作家和画家纪伯伦的一句话：“你们的理性与热情，是你航行之魂的舵和帆。假如你的帆或舵破坏了，你们只能泛荡，漂流，或在海中停住。因为理性独自统治，是一个禁锢的权力，热情不小心的时候，是一个自焚的火焰。因此，让你们的心灵将理性升到热情之最高点，让它歌唱；也让他用理性来引导你们的热情，让他在每日复活中生存，如同大鸾在它自己的灰烬上高翔。”

说到张黎明的“细”，曹北建也是深有感触，说他有一双厉害的眼睛，总能在寻常之处发现创新的突破口。他说：“张黎明是个名副其实的‘蓝领工匠’，他的创新能力让人惊讶，总是在难点中寻找到解决问题的钥匙。同事常见他带着一块橡皮泥，可以随手捏出工具模型，随时随地地琢磨，随时随地地搞试验，跟同事和徒弟讨论新想法来，也是头头是道。”

记得张黎明对我说过，这些年滨海大发展，经济繁荣了，环保好了，鸟儿也多了，胆也大了，这就出现了鸟在高压线上搭窝的现象，无形中也给我们的维修运行人员带来了很多麻烦。他们根据这个问题，研制了多个类型的驱鸟器，采取了多种方式驱鸟。张黎明在这方面可是动尽了心思。有的驱鸟器模仿鸟翅转，让鸟无处落脚；还有的是T形……都解决了大问题。

对张黎明来说，这种粗中有细，恰恰是他的聪明之处。在工作中，他的理性和热情是那般泾渭分明，就像一排雪浪花翻卷着涌到海滩，平静后又留下一片涟漪。他始终在做着他所该做的一切事，他的职业生涯充满了创造性。虽然张黎明的奉献精神远远大于他所得到的，虽然他的生活也充满了艰难，但至少在日后的日子里，他不会后悔。

68　用创新播撒黎明的种子

黎明共产党员服务队是个培养人才的地方，这几年间，走出的几个年轻人，都成了所在部门的业务骨干。像我前边说的贾明辉如今担任天津滨电电力工程有限公司副总经理兼盛邦公司经理。像张可佳到了公司发展策划部，进入了公司的管理岗。难怪滨海公司的人都说，只要是从黎明服务队出来的人，个个都顶硬，都是好样的，没的说！

“我至今还留恋在服务队的那段短暂时光。张黎明队长的创新理念，将会让我终身受益。”贾明辉说，“我帮助张队长整理专利成果的同时，也就是一个学习的过程。当然，对黎明服务队来说，创新只是一项内容，对于在抢修中，提供一个技术标准，在原有水平上的提高也是张队长十分注重的工作。还有，张队长的延伸服务理念也是超前的，经过这么多年的实施，这一理念得到了业内相当多人的认可。”

贾明辉告诉我，黎明共产党员服务队服务理念的先进在于他的“主动延伸服务”，这种志愿服务拉近了国家电网与广大用户的距离。在与老百姓的沟通方面，张队长是最有发言权的，他的手机号码里存了许多普通社区居民的电话，那些打电话的人大多都是老无所依的老弱病残者。这一服务理念，

张黎明向社区居民发放“连心卡”

从提出到实施，再到取得客户的广泛点赞，对企业服务取向来说是一个质的飞跃。很多老人将黎明共产党员服务队当成了自己的家，从走出去，到请进来，取得了意想不到的效果。

贾明辉的谈吐逻辑性强，讲述入情入理，相信每一个听过的人都会留下深刻的印象。他说：“张黎明是不可以复制的，但从他身上迸发出的创新理念和服务理念是可以推广的。我在黎明共产党员服务队的三年收获颇丰，受益匪浅。作为一个年轻人，可塑性很大，张队长对我的成长影响很大，不光是劳动态度，还有大局意识和创新思维都深深影响了我，改变了我。他的创新理念总是时时事事处处与工作和生活联系起来，总能在实践中碰撞出思想的火花。还有张队长的主动服务意识，也值得人们思索。人不光要服务社会，服务企业，还要服务同事，服务家人。这中间都有着相互的紧密联系。”小贾还告诉我，“他走上了新岗位，做的第一件事就是把黎明服务队的精神、管理方法和服务理念带过去”。

曹北建也表达了相似的观点。他说："黎明师傅作为全国优秀共产党员，用自己的实际行动发挥了先锋模范作用。当前，我们学习时代楷模张黎明，就是要宣传引导员工围绕国家电网发展战略和天津公司争当新时代'两个排头兵'的发展目标，积极投身到创新发展的洪流中去，立足岗位、主动担当，服务企业、奉献社会。"

这两年，滨海公司创新发展得益于公司开展了对创新团队成员的创新培训，针对创新理念、创新思维、创新方法等进行了全方位、全过程培训，打破了以往仅限于专业知识培训的怪圈。他们以张黎明创新工作室为典型，在员工中间树立起开放创新理念；通过对创新项目的培育，建立起项目立项、评估、实施、转化和推广应用的全过程管控，使创新项目实用化、精益化和效益最大化。他们强化对创新人才的培养，通过项目创新发现创新人才，通过培养人才加快项目创新，真正把劳模培养成专家，把专家培养成劳模。通过培训、培育和培养，在整个滨海供电公司营造出了"创新、争优"氛围。

我写到这里，突然眼前一亮。我蓦然想到：黎明共产党员服务队不就是播撒金色种子的播种机吗？从这里走出去的每一个人，都是一颗金色的种子，走到哪里，黎明精神就会在哪里生根、发芽、开花、结果。张黎明就是金种子的引路人，他将一粒粒种子精心培育，让他们茁壮成长，用青春的激情来迎接"美丽滨海"和"美丽天津"的明天。看来，榜样的力量是无穷的，黎明精神是魅力无穷的。黎明共产党员服务队播撒出的创新"金种子"，如今已经到了收获的季节。滨海公司先前许多名不见经传的"小人物"，在"技术创新和管理创新"的实践中脱颖而出，成了技术创新的领跑者和"滨海榜样"。

69 温暖身边同事的热心肠

写到这儿，我就在想黎明精神的可贵之处就在于"不以善小而不为"。这么多年来，张黎明做了无以计数的好事，每一件事拿出来都很平凡，都不是惊天动地的壮举，可若将这些好事汇集起来，就足以感动每一个人了。三十一年的抢修实践，让他的为民服务情结日益提升，从一个人的志愿服务，到一个服务队的志愿服务，再到包括被帮扶对象的志愿服务，黎明精神感动了无数的人，成了国网天津滨海供电公司，乃至滨海新区人们的自觉行动，这不能不说是一个很波澜壮阔的行动。

多年前，黎明共产党员服务队新分来一个大学生小翟，刚来不久，他七十多岁的老父亲就生病住进了医院。张黎明闻讯后，开车从塘沽去了天津中医药大学附属医院探望。大老远的，一片热心，让刚参加工作不久的小翟感动不已。他的同事张可佳说："张队长是个一见面就让人放心的人。刚来服务队，我还有点拘束，可时间一久，我就发现，他这个队长和我们这些小兵都是一样的，无论学历高，还是学历低，无论是技术工，还是操作工，无论是老师傅，还是新学员，大家都是同事，都是朋友，从来就没有什么尊卑贵贱之分。这时间一长，连施工队的师傅都愿和他开上个玩笑，他从来都不生气。"

张可佳眼里，张黎明平常看起来大大咧咧的，却是个有心人和好心人。他对自己的要求很苛刻，但对身边同事却很宽容，很关心。他告诉我："我们抢修班有位甄师傅，有次由于不明原因发烧，跑了很多医院都没查出病因。当时抢修班是'一个萝卜一个坑'，张队长就主动提出来替甄师傅值班，而且一替就是几个月，直到他病痊愈了为止。还有服务队的大姐张凤艳因病做了手术，张黎明在她手术后不久，就带着队里的同事去看望，让她感动得落泪。"

张黎明对工作一腔热情，对同事一片诚意，对自己却很严格，从来也不因自己的私事，去烦劳大家，给组织添麻烦。因而，服务队的同事们平日很少见到他缺勤请假，也很少见到他家里有事儿。其实，他都是在大家毫不知情的情况下，把该办的事悄悄办了，不想影响工作，也不想牵扯大家的精力。

"在黎明共产党员服务队的两年是我参加工作以来，收获最大的两年，这个地方真锻炼人，你需要不断地和客户沟通，倾听他们的声音，你需要不断地掌握新的理念和新的知识，你需要应对许多突如其来的问题。"张可佳

张黎明抢修前叮嘱安全事项

对我说，“更重要的一点是，在这里创新的氛围非常浓，同事们坐到一起，谈的不是家长里短，不是影视戏剧，也不是时尚家居，我们坐到一起，常常为一个创新的节点争论不已，为一个新的设想兴奋不已。”

张可佳对我说，这一切都缘于他们有一个好的带头人。张黎明的一言一行，时刻都在影响着他们。他不放过任何时间，向同事们传授创新的理念和创新的设想。在他的言行里，同事们都感受得到他头脑的清晰和思维的敏锐。所以，当他一路过关斩将，取得国家电网“十佳服务之星”的殊荣时，服务队的每一个人都不感到意外。

“我听说，他当时在杭州参赛时的演讲十分感人。他有一句话，很打动人，赢来了一片掌声。他说：‘我干了二十多年的抢修，最欣慰的莫过于看到万家灯火亮了起来。’”张可佳动情地说，“他的这话确实是有感而发，在我印象中，张队长每年的春节都放不了假，都是最忙的人，他愿意和一线员工在一块。他的行动印证了我们服务队楼前那个灯箱上的八个大字：黎明出发 点亮万家！”

“小张，你的讲述让我感动，”我说，“看来，一个内外口碑都好的人，才是一个值得敬重的人。张黎明用他的人格魅力，把黎明共产党员服务队打造成了国家电网的先进典型，确实是了不起。”

“张队长能走到这一天，与他爱人的背后支持是分不开的。嫂子是一个特别随和的人，对我们也很亲切。”张可佳仍意犹未尽地说，“他有一个儿子也很优秀，这么多年，他这个当父亲的也没怎么管，都是他母亲在操心，他的爱人是他的贤内助，这么多年来付出了很多。儿子也很争气，凭借自己的实力考上了天津大学，学的是机械设计，工作后也很努力，想必未来也是个创新型人才。”

70 从一个退伍兵的心声说起

在我采访的众多人中，有一位退伍兵名叫景皓。他2004年当兵，2008年分配到国网天津滨海供电公司，今年三十四岁，在黎明共产党员服务队也干十年了。景皓高高的个子，军人出身，人却长得文质彬彬的。前几年，我采访过他。一说起张黎明，他不知不觉间就流露出了几多感情，几多敬意。他说，张队长就像部队里的老班长，亲切、和蔼、贴心。这几年跟着他干，长知识、增才干，学为人，受益匪浅。

小伙子服役在河北邢台某部，所在部队是一支装甲兵部队。军旅的生涯，让他带有军人的气质，来到滨海公司，也是半军事化管理，所以，他很快就适应了抢修工作的快节奏。

景皓刚进黎明共产党员服务队，就感受到了团结和谐的氛围。在他眼里，只要张队长出了现场，他就有了主心骨。作为抢修工，要倒班，吃苦是不可避免的，很少有过节假日，况且越是雨雪风霜的鬼天气，就越是容易出现故障。有的时候早上登上车出去抢修，到了晚上八九点钟才能回来。在工作中，他发现张队长发明的“黎明急修案例库工作法”，对他这个三班倒的抢修人员太实用了，在值班过程中，遇到故障，一时无处求教，很多问题都能够在这上面找到答案。

“景皓，你在服务队好多年，也算老员工了，有没有遇到过被客户不理解，甚至误解的时候呢？你是怎么应对的。”我向他提出了一个并不太好回答的问题。

“刘老师，还真让您说着了。我们抢修班常年在外与企业客户和社区居民打交道，这样的事儿也时有发生的。”景皓毫不掩饰地说，“有人想当然地认为，我们是黎明共产党员服务队，就应该是万能的，就应该不讲任何条件地为他们解决一切问题。其实，有些情况，远不是我们都能包揽的；有些要求，也不是我们能够做到的。遇到这种情况，个别不理解我们工作性质的人，就不分青红皂白，朝我们大吵大闹。我们又不能还嘴，只能解释，很多时候，心里也挺憋屈的。”

景皓给我讲了这样一件事：有一年夏天，一个即将拆迁的小区内，楼道内的电线烧了，造成了一片居民区停电。这件事引起了开发商和居民的纠纷，把街道办事处也惊动了。我们接到抢修通知，迅速赶到那里，发现是拆迁户私自拉线，造成了线路短路。当时正值八月间，天气酷热，很多女人都把孩子抱到了外面乘凉。按道理讲，居民是禁止私自拉电线的，如此造成的停电事故，不应由电力部门负责，但偏有人将矛盾引到我们抢修人员的身上，指责我们没能及时将电源修好。有人甚至还动了粗。我当时也很委屈，觉得有的居民不讲理。可张队长这时出现了，他并没有与人顶撞，而是心平气和地讲清楚道理，取得了居民的理解，并及时将受到影响的居民正常供电恢复了。从那件事上，我看到了张队长过人的处理危机事务的能力。他不光技术过硬，思想也过硬，很多矛盾都是在他的努力下得到化解的。

那天，和景皓一道接受采访的还有一个滨海公司配合工，名字叫卢平原，他在抢修班也干了许多年了。他提起张黎明，说了一句看似平淡，实则深刻的话：“他没把咱配合工当外人看。”

我知道卢平原这话的含义：在有些人眼里，配合工只能做些辅助性工作，可张黎明不那么看。他多次说，这么多年来，配合工也为滨海的配电抢修事业做出了贡献，我们应当尊敬他们，爱护他们，在力所能及的范围内，为他们的工作创造有利的环境。

那一年五月的一天晚上，卢平原在新村一带连夜抢修线路。到了晚上11时许，他在进行倒闸操作时，不慎从近五米高的电线杆上摔了下来，造成了脚后跟严重的挫伤，很长时间都躺在床上，连路都走不了，只得病休在家。张黎明很关心他的身体，多次前去看望他，并嘱咐他要安心养伤。在他近半年的病休时间里，张黎明经常打来电话问候他的病情，每当这个时候，一股暖流便涌遍他的全身。他每天拄着拐杖，坚持锻炼，争取早日恢复健康，重返一线。终于，在半年后，卢平原回到了抢修班，这件事看似平常，对卢师傅的触动却很大，他逢人就说，在黎明服务队，他找到了家的感觉，从此，卢师傅的工作热情更高了，也更加努力了，时不时地在对技术创新的研讨中，大胆发表自己的看法，他的一些建议也得到了采纳，他也找到了主人翁的感觉。

我想，这就是黎明精神的魅力之所在。张黎明的爱心不光体现在志愿服务上，还体现在同事之间的友爱上。他始终用一颗赤诚的心来对待他身边的每一个人。我不禁想到，社会主义精神文明建设的口号已经叫了许多年了，但为什么社会上还有那么多不文明的现象，就是因为社会上还缺乏更多的张黎明，还缺乏更多的黎明精神。做一件文明的小事，比喊一万句精神文明的口号更重要。不是吗？

第十五章　一位时代楷模的使命感

71　再谈张黎明的“坚守”

我曾在《中国智能之城》一书的封面语上，抒发过这样的情感：一个能将梦想化为现实的民族是一个伟大的民族，一个能将梦想变成未来的国家是一个伟大的国家。中国智能之城的横空出世，再一次雄辩地证明，使一个国家、一个民族、一个企业，乃至一个人站起来的不仅仅是双脚，还有理想、智慧、意志和创造力！

在滨海新区，在张黎明身上，我感受到了这种理想、智慧、意志和创造力。力量出自这位全国时代楷模的责任感和使命感。支撑这种力量的就是一个蓝领工匠的对事业，对岗位，对创新，对爱心，对责任的“坚守”。张黎明的“坚守”确实值得人们尊敬。他三十一年如一日，用自己的行动诠释了劳模精神的本质，让年轻员工找到了学习的标杆。正是靠这种“坚守”，张黎明在抢修一线中，找到了自己的人生价值。这体现在他将他丰富的实践经验，运用到了技术创新的行动中，为自己的抢修事业，找到了新的突破口。他凭借这方面的成就成了新时代的“蓝领专家”，他引领的张黎明创新工作室，让他的“坚守”实现了从现场到理论，从理论到实践，从实践到创新的转换。

“做一行，就要爱一行，就要钻一行”，这是张黎明职业生涯的真实写照。他在从事配电抢修工作的三十一年间，始终保持着细心观察、勤于动脑的好习惯。很多发明专利就是在人们不经意间发现并实现的。贾明辉说：“张队长就是这样一个人，他会把一个小小的发现，看作是开启智慧的火花，将别人认为不可思议的设想化为现实。他相信这样的话，当你成功的时候，就是你最后一次失败的时候。所以在你离开人世前永远不会有成功，要不断挑战自己，达到新的高度。”

这就是张黎明的坚守。我曾在一篇散文诗中写道：沙棘坚守大漠，就是一种凄凉中的坚韧，雄浑的大漠，不缺少一棵沙棘，但只因沙棘的坚守，才使得大漠装点了几片绿叶，几片生机。在市场经济的今天，有许多人都将奉献和爱心抛弃了，“一切向钱看”成了某些人追逐的终极目标。那些明星大腕偶尔献上的一点“爱心”，只是为了宣传而已。难怪有人听了张黎明的事迹后，感慨地说：“什么时候能够把‘作秀’的陋习变成爱心的自觉行动，社会的风气才能得到根本好转。”因而，我们这个社会需要千千万万个张黎明。

张黎明的可贵之处还在于对爱心的“坚守”。他这么多年来，能够一直将爱心送到千家万户，这更不容易。有一句伟人的话说得好：“一个人做点好事并不难，难的是一辈子做好事，不做坏事。”短期的爱心，通常是在作秀，而张黎明不是，他是在用心为人民群众做好事，做实事。他长期坚持走进社区，帮助老弱病残，为点亮万家灯火，不懈地做着贴心服务。这样才会有那么多社区居民跑过来和他拉家常。他将自己热爱的抢修专业，加以升华，进行了延伸服务，这就是一位时代楷模的责任感和使命感。

几年前，我在写《中国智能之城》时，曾经与当时中新生态城智能营业厅主任陈立东有过一番关于“坚守”的交谈。他说：“我感觉到张黎明的‘坚守’还体现在他对家庭责任和孝道的‘坚守’。我们的劳模不是不食人间烟火的神，而是有血有肉的人。他这么多年一心扑在了工作和事业上，给人的印象，对家庭的责任，放弃了很多。但我了解的张黎明并不是那样。他用他自身的行动给孩子树立了一个很好的形象。他对妻子、对父母、对家庭，都是在用一颗真诚的爱心来奉献。为了工作，他牺牲了许多和家人团聚的时间，但他却每时每刻都在和亲人做着心与心的交流。这也是难能可贵的。”

陈立东的话突出了“坚守”二字，对我的启发很大。在张黎明的身上，“坚守”的精神的确可贵。他坚守的是勇于创新、争创一流的创新精神；他坚守的是与时俱进、开拓进取的时代精神；他坚守的是紧密协作、相互关爱的团队精神；他坚守的是心系万家、服务万家的关爱精神；他坚守的是遵守孝道、和睦家庭的仁爱精神。我突发感慨，这么多年来，我们对劳模的宣传太少了，对劳模的关心太少了。

走近张黎明，我的心灵深处也受到了一次洗礼，当我走进张黎明那个小家时，没有豪华的装修，没有奢侈的家具，看上去甚至有点凌乱。但我们坐在一起，看着张黎明为我“秀”茶道时，我看到了他人生的另一面。他爱人告诉我，黎明在闲暇时，也有很多情趣，像到旧货市场去淘一些不值钱的小玩意儿，像在家里摆弄他收藏的文玩核桃和各式各样的茶具……

这就是真实的张黎明，一个有血有肉，有担当，有爱心的平凡而崇高的人。张黎明这样看待他自己：“滨海公司就好比一台大型的机器，我们每一个员工就像是这台机器上的一个零件。只有每个零件都健康，公司这台大机器才会很好运转。所以，我们每一个人都是很重要的。”

72　挑战自己的人生高度

2016年七一前夕，党中央邀请了一百名优秀党员来到首都北京，参加建党95周年的系列纪念活动。就在纪念活动中，张黎明幸运地与习近平总书记握了手，并由当晚中央电视台《新闻联播》播放出来。一时间，消息像长了翅膀，不光轰动了国网天津滨海供电公司、国网天津市电力公司，整个国家电网都轰动了。最近这次去滨海新区，我问起张黎明当时的情景，他告诉我，那是6月30日晚，中共中央在人民大会堂举办《信念永恒——庆祝中国共产党成立95周年音乐会》，在京的百名全国优秀共产党员代表也受邀观看。音乐会开幕之前，习总书记亲切接见了他们中间的代表。那是张黎明离总书记最近的一次。现在说起来，他依然那么兴奋。

“幸福来得太突然了，我和总书记握了手，还上了新闻联播，”张黎明兴奋地说，“在与总书记握手时，我对总书记说，我是天津滨海供电公司共产党员服务队的张黎明。总书记微笑着向我点了点头。在之后整个音乐会期间，我都沐浴在幸福和激动之中。”

当晚回到住地，不断有同事和亲友给张黎明发来他与总书记握手的照片，他们是在家里用手机将《新闻联播》中的画面拍摄下来的。还有工友在电话里对他说："黎明，不许洗手，等回来后和我握手啊！"这时海春也打来电话，和丈夫一道分享那幸福的一刻，对一个蓝领工人来说，这是最高的荣誉了。

"在荣誉面前，我感到压力蛮大的，我本来就是不拘小节的人，一旦成了众人瞩目的对象，就有点不太适应。"张黎明对我说，"不过，我把荣誉当成了总书记对我们电力工人的关怀和鞭策。我只有百倍努力，才不辜负党和人民对我的信任和鼓励。"

从此，张黎明工作变得更勤奋了。他对我说，荣誉的高度不等于行动的高度，前面的路还很长，山还很高，我还需要不断挑战自己，向上攀登。攻关"配网带电作业机器人"的念头就是由此萌发的。张黎明的爱人李海春告诉我："很多时候，黎明都会把在单位未完成的项目模型带回家，放在桌子上，摆弄来，摆弄去。这个时候，你千万不要去打扰他，甚至饭做好了，都

张黎明在抢修现场

不能过去招呼他。有一天，我都睡一觉了，到后半夜一睁眼，他还在台灯下对着模型发呆呢。一开始，我还劝他别熬夜了，他却当成了耳旁风，后来，我就索性由他去了，反正，他对一件事，若琢磨不出个名堂来，就连觉也睡不安生。”

那天晚上，我在张黎明家里采访他，问他为什么对技术创新到了这般痴迷的地步？他笑了笑说：“我这个人啊，生来就喜欢梦想，小的时候，我看到天上飞的小鸟都会琢磨，它们为什么会生出翅膀，我为什么就没有翅膀。如果有的话，我也可以自由地飞了。长大了，我当了一名电力抢修工人，尝到了抢修的艰苦，不光是没日没夜地干，与电打交道，还会有很大危险性。我就在想，能不能通过技术创新，将劳动强度降下来，将危险性降下来，这对一线抢修工人，是再好不过的了。于是，我就从抢修设备上琢磨，将平日积攒下来的资料整理出来，寻找技术创新的突破口。”

他告诉我，平时有的一些小想法，到后来变成了小创新，这都是兴趣使然，当然也遇到了许多波折，多次试验不成功，我也曾有过灰心的时候，甚至觉得当个普通工人很舒服。当年巡线时，我就跟小青年说过，你们的未来就是轻松地巡线，走累了就躺下晒晒肚皮，一切都会好起来的。如今滨海新区的发展太快了，大发展、大建设，可以说一天一个模样。但这也对电力行业造成了一定压力。譬如由于施工、铺路、架桥等外力破坏，时而造成电力线路故障。有的企业为赶工期盲目施工，车辆一多，一拥挤，撞杆儿的、碰线的现象也多了。现在讲环境保护，环境好了，喜鹊多了，鸟栖息在高压线上的也多了，搞不好，也会造成停电事故，所以晒肚皮的日子还远远没有到来。对此，我们就要在创新上下功夫，别的出路是没有的。这也就是我们创新的动力吧，“创享Ⅰ号”的诞生也是由此而来的。

走出张黎明的家，坐他的车回宾馆时，一路上我都在思考：一个人，不管他的出身如何、学历如何，都不重要，重要的是他要能不断挑战自己的高度。黎巴嫩诗人纪伯伦说过：“我宁可做人类中有梦想和有完成梦想的愿望的、最渺小的人，而不愿做一个最伟大的、无梦想、无愿望的人。”这话说得何等好啊！张黎明从一位蓝领工人，实现了“蓝领工匠”的蜕变，靠的就是创新梦想，靠的就是不断挑战自己的高度。也许有人要说，一个工人的高度，再高也无法和一个科学家的高度相比拟，但我要借用一句广告词：“不是所有的牛奶都是特仑苏”，在创新的道路上，是没有高低贵贱之分的，只要你追求了，你努力了，你就会无怨无悔。张黎明以他的追求和努力，挑战了自己的高度，他同样应该得到人们的尊敬。

三十一年间，张黎明总共换了三次岗位。大致走了这样一个历程：从抢修队到服务队，从服务队到创新室，工作虽变动了，但为人民服务的宗旨没有变。张黎明从1987年到1998年，先后在塘沽电力局高压运行班做巡线工。1998年到2007年，他作为工区技术主管，管技术、管线路、管工区运行班、管施工班。这段时间是他最为忙碌的阶段，直到塘沽电力局合并到国网天津滨海供电公司期间，他实际上是电力运行的一个总协调人，几乎参与了所有的抢修工作。从2007年至今，又是一个十年，张黎明从管理岗又回到了工人岗，牵头创办了黎明共产党员服务队和张黎明创新工作室，开始了他新的人生再出发。

张黎明用自己的才智和心血，在不断跨越自己的人生高度。张黎明常爱说带有哲理的话，像“细节决定成败”这话就常挂在嘴边上。在抢修现场，他常说这句话；在创新工作室，他还说这句话。勤思考，爱琢磨是他长久以来养成的习惯。他所做的这一切都出于他的责任感和使命感。他那句“电力运行工作，让人感觉不到自己的存在，才是最好的状态”的名言是对他挑战人生高度的最好诠释。

73　中国梦是我心中的梦

张黎明也有自己的梦想，这个梦想很大，也很小。说它大，是连着实现中华民族伟大复兴的中国梦，说它小，是与他引领的共产党员服务队的规划远景相联系。他欣赏奥斯特洛夫斯基的那句话：“人的一生可能燃烧也可能腐朽，我不能腐朽，我愿意燃烧起来！”为了“黎明出发　点亮万家”的承诺，他愿意让自己燃烧起来。

2017年10月18日，张黎明作为党的十九大代表，在人民大会堂聆听十九大报告后又有了新想法。“习近平总书记在报告中五十七次提到了‘创新’，我要将习总书记的嘱托落到实处。”张黎明对我说，受十九大报告中“产学研深度融合技术创新体系”的启发，他带领的团队与清华大学联合研究的基于人工智能的带电作业机器人项目又有了新进展。这种深度融合，不仅创造了一线班组与国内顶尖科研机构合作的典范，还对解决我国带电作业难题产生革命性的意义，对张黎明来说，这离他的梦想实现又近了一步。

“让滨海新区六十多万户企业用户和二百九十万居民想用电的时候就有电用，服务没有最好，创新就能更好。”张黎明这句话说出了他的质朴职业理想。带电作业的目的恰恰就是少停电。电停得少了，用户的用电环境自然提升了。从2011年张黎明创新工作室成立至今，他们又在班组层面成立了十个班组创新工作坊，与天津公司职工创新孵化基地形成“地、室、坊”三级联动，为勇于创新和乐于创新的滨海供电公司员工搭建了很好的创新平台。张黎明曾对徒弟和同事们说过：“创新要不怕小，解决实际工作中的问题，就是创新；创新还要不怕大，要敢想、敢干，不怕失败。这才是新时代产业工人该有的样子。”

听完党的十九大报告的当天下午，在天津代表团分组讨论会上，张黎明联系自己的岗位实际，向与会代表们汇报了导线上的“钢铁侠”这个机器人项目。中央政治局委员、天津市委书记李鸿忠对“创享Ⅰ号”项目给予了充分肯定，现已成功申报了天津市科技计划项目。之前，在刚刚落下帷幕的国家电网第三届青年创新创意大赛上，这个项目斩获了金奖。国家电网董事长、党组书记舒印彪也对本项目给予高度认可。

张黎明在讨论会上信心十足地说：“虽然我们带电作业机器人的研究还需进一步突破，不过我相信这种基于人工智能的机器人技术将可能彻底改变带电作业方式。‘创享Ⅰ号’的成功研发，依赖于产学研深度融合的技术创

张黎明参加党的十九大天津代表团讨论期间认真记笔记

新体系，这种体系不仅助力企业自主创新，不断提高企业的核心竞争力，还提升了高校科技创新和服务社会能力，能够促进校企的深层合作与共赢发展。我们这个项目也将成为落实党的十九大精神产学研深度融合的一个重要实践。”

张黎明参加党的十九大最深的感触是思想境界的提升，听了习总书记三个半小时的报告，受到了一次精神上的洗礼。大会的热烈场面和活跃氛围让张黎明感到了作为基层工人代表的责任感和使命感。在党的十九大期间，张黎明和来自基层一线的天津代表畅所欲言交流心得体会。他与大港油田的采油女工尤立红、天津超算中心的科研人员孟祥飞、南开区昔阳里社区书记王月华、天津大学教授冯翠玲等都成了好朋友。他们坐在一起讨论如何贯彻总书记的十九大报告，如何把“美丽天津”建设得更好。

党的十九大一闭幕，张黎明就带着一股激情回到滨海公司。“张师傅，快给我们说说，参加党的十九大是什么感受啊？”张黎明刚走进“张黎明创新工作室”，就被等候在那里的同事围住了问个不停。

“现场聆听习总书记作报告，有幸见证大会庄严隆重的时刻，我更深切地感受到党的伟大、党的自信和党的力量，这对于我来说是又一次精神和思想的洗礼、党性的升华。”张黎明笑着对大家说。

“师傅，我在收看十九大现场直播的时候，听到习总书记在报告中再次强调了要建设知识型、技能型、创新型劳动者大军，这是给我们未来的创新工作指明了方向，下一步我们该怎么做？”王立国兴奋地说。

“我们作为新时期的电力工人，不光要懂技术、精技能，还要不断创新。我们今后面对技术问题将不再是做精做细那么简单，而是要自主研发，实现从无到有，更要努力钻研，实现从有到精。”张黎明说，“习总书记在报告中还讲到，要建立以企业为主体、市场为导向、产学研深度融合的技术创新体系。我们研发的‘创享Ⅰ号’就是落实习总书记报告精神的具体实践，我们扎根一线发现问题、解决问题，就是实现创新的最好写照。我们要同心协力，提速项目的实用化、产业化步伐，力争按照习近平总书记要求，把这个项目打造成一个落实党的十九大精神、促进产学研深度融合的示范项目，努力开辟带电作业领域的新时代。”

党的十九大之后，人们发现，张黎明的视野开阔了，张黎明的思想升华了。实现中华民族伟大复兴的中国梦，在他的眼界中越来越清晰了；习近平新时代中国特色社会主义思想，在他的心目中变得越来越深刻了。任峰书记告诉我，张黎明在天津市和国家电网系统内外作的“党的十九大精神巡回宣讲”，无论是理论高度上，还是接地气上，都有了质的飞跃。最近半年所作的二十九场宣讲很有特色，张黎明根据对象不同，每次的讲稿都不一样。在高校，他突出哪个重点？在国资委系统，他突出哪个内容？在街道社区，他突出哪个角度？都是不一样的。

我听到这里，不禁想到张黎明几天前对我说的一句话：“聆听习总书记讲话，那种冲击力，对我精神上也是一次洗礼。我要原汁原味地把总书记的讲话精神传达下去。”他还告诉我，他在党的十九大会上发的那份报告上记了很多心得笔记，可惜在会后收回了。在后来的巡回宣讲中，为了吃透报告精神，张黎明把报告的单行本都翻破了，还总觉得学得不够。参加天津市国资委、工会宣讲团，天津市委六进社区宣讲团，他与宣讲团成员集体备课，理论水平有了显著提高。多次听过他宣讲的曹北建对我说：“他讲的不光是大道理，还切合自身实际，讲了好多鲜活的事例。与习总书记的讲话内容衔接得非常好。为了学懂弄通，宣讲团其他成员的演讲，他都会去听，在做实上做了许多功课。”

“在十九大精神的鼓舞下，滨海公司正大力提升整体创新能力和水平，营造全员创新的氛围。”时任国网天津滨海供电公司总经理周敬东说，“张黎明引领的创新工作室带了个好头，我们正通过建立创新孵化基地、创新工作室和班组创新工作坊三级联动机制，开展技术攻关，加快成果转化。与科研院所、研究机构构建产学研联动的科技创新成果孵化平台，更好地破解难题，培育人才和科研成果。”

我记得有这样一首歌《我的未来不是梦》，歌中唱道：我从来没有忘记我/对自己的承诺/对爱的执著/我知道我的未来不是梦/我认真地过每一分钟/我的未来不是梦/我的心跟着希望在动//。此歌传唱甚广，且久唱不衰。我想除了歌写得好，唱出了人们的心声也是其中重要的原因。人类的历史，就是从不断地求索，不断地选择未来当中走过来的。未来越美，梦想越高，人生就越丰富，成就也就越卓绝。当张黎明把未来的梦想提升起来就意味着他在拥抱明天。生命正是因为有了未来梦想，才显得多姿多彩。中国梦是张黎明心中的梦。

74　捧出明天那璀璨的黎明

我爱看大海的黎明，等候日轮初露，像是刚刚出浴的红衣少女，带着清亮和绮丽的色彩，冉冉地升腾在东方的天边。柔波细浪，缠绵驰骋着我儿时的梦幻。我从她身上折射过的带有几分诱惑性的光芒中，寻觅到了曾期待许久的光环。

儿时，我便羡慕大海边的孩子们，幻想着像他们那样能有一天看到海上升起的太阳。我还清晰地记着我头一次从银幕上看到黎明时分，海上日出的亢奋。我曾奇怪地问妈妈，“那太阳会游泳吗？怎么是从水里爬出来的呢？”惹得邻座的叔叔阿姨哄堂大笑。有个叔叔说我长大了也许会成为诗人。但是，命运在漫长的道路上跋涉，并没有把我造就成诗人，哪怕是蹩脚的诗人。可我依旧默默地期待着有一天那海上的日出会把我带到逼真的现实中去。这种期待像是一朵饱满得要胀裂的花蕾开始蠕动，像是怀春的少男少女带着玫瑰色的憧憬在企盼着心中理想的恋人。

童年是美好的，如果说青年是八九点钟的太阳，那么童年就是五六点钟的黎明。我打开黎明共产党员服务队大事记，看到这样一条记录：

2016年2月22日 星期一

2月22日，开学第一天，滨海黎明共产党员服务队走进塘沽区实验小学，开展“电力安全进校园”活动，通过情景体验、问答互动等方式向同学们进行用电宣传教育，引导和鼓励小学生安全用电、节约用电，拉开了“光明与志愿服务同行”服务周的序幕。

于是，我便想出了这个标题：捧出明天那璀璨的黎明。张黎明有次告诉我：“我作为中建六局职工的孩子，从懂事的那天起，就随父辈一起四海为家，过着飘荡的日子。我和我爱人两家的父辈都是工人技师，后来从海勃湾搬到了湖北十堰，建设东风汽车城，又转战到丹江口水库工地。儿时记忆中，引滦入津工程、唐山抗震救灾，我们这一批孩子也都赶上了，最后，我们这批中建六局职工子弟落脚在天津的塘沽，是喝着这里的水长大的。”

我眼中的张黎明至今还带着一颗童心。他说喜欢孩子，路上遇到小朋友，他都会莫名地冲之招招手，因为从他们身上，他看到了祖国的未来和希望。那天，他和服务队走进小学校园，向每一名学生发放了安全用电宣传画。人群孩子围了上来，听张黎明以生动形象讲述了电的神奇和电的危险。他用形象的语言向小朋友们讲解了安全用电的各种知识和相关技巧，培养孩子们的安全用电和防范意识，避免在用电时受到不必要的伤害。

在课堂上，张黎明让同学们亲自为装有节能灯具的计量表箱合上开关，读取电量，通过这种互动的方式，培养小朋友们的环保理念，

“同学们，你们谁能告诉我，白炽灯和节能灯哪个用电更少?”张黎明拿起两种灯泡让他们辨别。

“节能灯!”同学们争先恐后地回答，“零距离”体验也让学生们的节电意识、环保意识进一步加强。

张黎明脸上露出了微笑，向同学们深入浅出地讲了一个又一个用电安全和节约用电的小故事。

坐在课堂后排一直听讲座的少先队大队辅导员陈老师在讲座后深有感触地说：“这次讲座很有特色，学生们都非常喜欢，张师傅不仅把安全节约用电知识普及进了校园，还让他们从小养成节约用电的好习惯，真是受益匪浅。”

在这期间，黎明共产党员服务队的队员为了保证学校在新学期内的用电安全，还对学校的用电设备进行了详细检查，排除安全隐患，为学校创造一个安全用电的良好学习环境。事后张黎明说，孩子是祖国的花朵，是实现中国梦的后备军，我们有责任关心他们、爱护他们，让他们从小就有安全用电、节约用电的意识。

张黎明对青春这个字眼也给予的特殊的关注。“我就是从青年时代走过来的，理解他们‘拥有青春，让青春在奋斗中闪光；拥抱明天，让人生更精彩!’的愿望。要给他们创造一个良好的空间和成长平台。”张黎明如是说。

张黎明喜欢和服务队年轻人打成一片。“和他们在一起摸爬滚打，我也感觉年轻了许多，和他们多交心也可以缓解我自身的压力。”张黎明对我说，“这个压力有时来自于外边的风言风语，初听到，心里也不舒服，队里的年轻人自身也有委屈的感觉。但通过我们之间的相互沟通，气就顺多了。我常对他们说，对服务队和我有议论，也很正常。这说明有很多人在关注着你，也在监督着你，是好事。现在想起来，正是我的队友给了我继续干下去的勇气。他们很优秀，跟着我，也做出了很大的成绩，但他们大都是无名英雄，

张黎明到工地为工人宣讲十九大

都在默默地支持着我。我非常感激他们，我所取得的荣誉是沾了队友的光，是集体的荣誉，没有他们的支持，我什么事情都做不出来。”

几年前，我在与黎明共产党员服务队的交往中，也感受到了他们的青春活力和朝气。“我们队长给我最深的印象就是豁达。这是他对人生的态度，也是对同事的态度。抢修工作是一个艰辛的工作。张队长从参加工作那天起，就从来没远离过配电工作，这一干就是二十多年。他对抢修的活是那么喜欢，说到抢修，他的眼里会放光。”贾明辉谈起张黎明对他的培养，有说不完的心里话，“我刚来服务队那会儿，就发现服务队的氛围和其他班组不大一样，人家是完成本职工作就OK了，可我们却要做许多分外的事儿，像志愿服务社区，关照孤寡老人；像搞技术创新，进行设备改造。我当时还多少有些不理解，认为做好本职工作就够了，干吗操那么多心呀？”

后来，发生在贾明辉身边的一件事，彻底改变了他的想法。有一天下班后，大家纷纷走了，张黎明还待在办公室里琢磨他那个“三防凉帽”，我走到了门口，又反身回来，对队长说：“这么晚了，您还不回家呀？”

他抬起头，看了我一眼说："问题琢磨不透，回家吃饭也不香啊。"说完，他又低下头，摆弄起他白天琢磨一天的模型来。贾明辉边走边想，是什么信念使得我们队长这么痴迷技术创新呢？金钱？荣誉？都不是。若论金钱，他发明了那么多的专利，做了那么多的革新，也没有得到什么实惠；若论荣誉，他这几年身上获得的荣誉还少吗？可没有一项是他争来的。想来想去，他只能得到一个结论，只能出自两方面：一是责任，二是使命。

"张队长对自己生活上的要求不高，有点像《论语》中说的，'一箪食，一瓢饮'足矣。但他对抢修工作和技术创新却有着别人无法理解的执著。人都快五十了，他的工作热情和创新意识还像个小伙子。不，比我这个小伙子的劲儿可足多了。他无论看到什么，都能和工作联系起来，都能和创新联系起来，就像得了'职业病'。"小贾说，"正因如此，他如今的配电专业知识鲜有人能比得上，对故障的研判能力也技高一筹，足以让我这个从东北电力学院毕业的大学生汗颜。这也是我们能够快速成长的一个重要因素吧。"

我在写张黎明时，也时常思考这样一个问题：张黎明的责任感和使命感从何而来？当然，这与他的成长经历和组织培养分不开的。但是，除此之外，也与他的家风息息相关。家风，对一个家庭非常重要。关于他的父亲、妻子的影响，我书中涉猎得很多了。张黎明在事业上，更多地传承了父亲的担当，父亲的精神；在生活上，张黎明更多地感受到了妻子的恩爱，妻子的善良。但我想说，母亲的情怀，母亲的爱心，也让张黎明传承了下来。在采访中我方得知，张黎明的母亲也很值得尊敬。老人家今年都70多岁了，干了五十多年的理发工，至今仍在做。她从一开始收一毛、两毛钱，到现在收五块钱，费用远远低于自己的付出和市场的价格。在社区里，但凡孤寡老人和小孩，只要行动不便，她都是上门服务，从来也不收额外费用。她说："我理发不是为了挣多少钱，只是为了方便大伙，落得一个舒心。"一个母亲，一位老人，几十年如一日地坚持做一件事儿，这种精神对张黎明的影响，无疑是非常大的。

前一段时间，我读了习近平总书记谈家风，甚有感触。联想到张黎明和她的爱人所做的一切，我找到了答案。张黎明将这种传承，不仅传承给这个家，而且传承到了黎明共产党员服务队，传承到了国网天津滨海供电公司，乃至传承到了国网天津市电力公司和国家电网，这就是一种力量，这就是一种精神。

75　一代人有一代人的使命

除夕之夜，张黎明又早早来到黎明共产党员服务队与队员们包饺子。他已经连续十几个除夕在抢修值班室度过了。在他们旁边各类电力抢险工具早已“各就各位”。作为队长的张黎明与队员共度除夕之夜的同时，还要随时做好电力抢修准备。张黎明说：“除夕守岁是中国人的传统，守护万家灯火是他的责任，‘黎明出发　点亮万家’是承诺，更是行动。”

新春的钟声响起，当热腾腾的饺子端了上来，张黎明和队员在相互祝福中又迎来了新的一春。了解张黎明的人，都知道他一家都喜欢吃饺子。我就听曹北建给我讲起过这样一件事情。2016年3月，全国“两会”期间，他陪张黎明到了北京，前去《人民网》做节目。当时他刚被评为全国劳动模范。两人坐在地铁上一路聊天。

曹北建：“张师傅，您想没想过，退休后干点什么？”

张黎明：“这些年，我对爱人、对孩子、对家庭很愧疚，我亏欠他们的太多了。我想啊，我对象喜欢包饺子，吃饺子，等退休了，我就和她开个饺子馆儿，不为挣钱，让外来的农民工吃上可口的饺子。说起来，我也是个外来人员。我的父辈，是从很远的地方，一路走来的。”

我听了这番话很感动。张黎明的话是自然的流露，不是刻意说出来的，他有那种情怀，有那种精神，他是个有血有肉，有情有爱的人。这种情怀是对当下劳动群体的关注，也是一种爱心的释放。他妻子海春也对我说过，她专门学过包饺子，可以做十四种饺子，也就是说，她可以包十四种饺子馅儿。

后来，在人民大会堂举行的“张黎明先进事迹报告会”上，张黎明本人的汇报也有这样的描述："我们俩有个约定，等我将来退休了，一定要帮她开一家她梦想中的饺子馆，就以她的名字命名，叫'海春饺子馆'。"

一代人有一代人的生活，一代人有一代人的追求，一代人有一代人的使命。很多年前，我就听到滨海电力人有句叫得很响的口号："诚心点亮滨海新区"。这短短八个字，体现了独具特色的滨海公司服务理念和滨海电力人的人生价值观。"诚"表示员工对企业的忠诚、企业对客户的真诚、员工之间的坦诚；"心"表示员工对企业的忠心、企业对社会的爱心、员工之间的关心。"点亮"表示企业如"灯丝"一般，以"电"为依托，燃烧自己，照亮别人，向"滨海新区"输送着光明和温暖，奉献着爱心。

我也听到张黎明很喜欢说的一句话："你若要喜爱自己的价值，你就给世界创造价值。"滨海电力人为了实现中华民族伟大复兴的"中国梦"，建设

张黎明作为全国企业一线先进典型、党的十九大代表，受邀参加由中组部组织，共产党员网、求是网联合主办的"学习贯彻十九大精神系列访谈"

了中国首座智能电网之城，他们建成了世界技术领先的中新天津生态城智能电网示范工程，并将继续推进智能用电服务经济社会，智能用电融入居民生活的建设与推广。这就是“滨海梦”参与者们的情怀。“滨海梦”是“中国梦”的一部分，作为滨海电力人，他们把建设“美丽天津”“美丽滨海”为己任，为使命。他们每天最早迎来滨海的黎明，他们每天都在为滨海创造璀璨的光明。

这梦想是建立在强烈的使命感基础上的。“我父亲那一辈人赶上了好时候，他们是新中国第一代产业工人。我呢，也赶上了好时候，是改革开放后新一代产业工人。”张黎明说，“使命是光荣而崇高的，我从父辈那里就得到了传承。”

张黎明忘不了在父亲病重住院的那些日子，他白天去抢修，晚上守候老父亲身边。由于太累，他时常一到病床前，倒头便睡着了。有天午夜，手边的手机来电震动了，他竟全然不知。父亲轻轻把他拍醒，小声说：“电话。”他从电话得知一个小区变压器出了故障要立即赶去抢修。就在离开的那一瞬间，他看到父亲慈祥的眼神禁不住落泪了，说：“爸，我对不起您呀。”父亲的嘴唇动了几下，再用微笑向他示意。张黎明回过身来，为父亲掖了下被子，眼含热泪离开了病房。

张黎明对我说过，父亲那一代人吃的苦更多，付出得更多，作为工人的儿子，他有责任把老一代人的奋斗精神传承下去，要知晓，汗水是咸的，而不是甜的，有一分耕耘，自有一分收获。完成使命是一个伟大的事业，但是要从一点一滴的小事做起。

当他第一次用一个包装的木盒子挖了个窟窿，放进抢修工具时，同事宋绍江和身边的人都觉得好笑，说您这是干吗呀？后来，在经过不断改造后，他们惊喜地发现这东西真的可以用，而且很好用、很实用。这就有了如今的“急修BOOK箱”，可以把工具卡槽像书一样设置在箱子中，工具一旦错位或丢失就能及时发现。有了它，抢修班再也没有发生过忘带工具的事。新来的员工对抢修业务不熟悉，对故障设备的定位查找耗费了许多时间，张黎明召集青年骨干历时三个月研发出“配电设备地图APP”，并将软件植入到现有抢修移动终端PDA中，实现了配网设备的快速精准定址定位，设备定位时间大幅下降60%。这些看起来的“小事”，在张黎明的眼中就成了大事。这些解决后汇集起来的“小事”，成就了蓝领工匠张黎明成功的今天。我在张黎明创新工作室看到了这样一副对联，区区八个字，上联：劳动光荣，下联：创新无涯，道出了张黎明不辱使命的黎明精神。

如今，张黎明和他的创新团队正在为他们研发的配网带电作业机器人“创享Ⅱ号”而拼搏着，这将是朝着机器人实用化迈出的坚实的一步，相信不久的将来，“创享Ⅱ号”就会取代带电作业的斗臂车，在高压线路上大行其道。这一代蓝领工人的创新科技使命，将在他们手中完成，这就是人们所说的：平凡中的伟大。我殷切地期待着！

尾声　带着人生的感动写作

“世界上最宽阔的东西是海洋，比海洋更宽阔的是天空，比天空更宽阔的是人的胸怀。”这是法国大作家雨果的一句名言，让我不禁想起了中宣部新近授予的时代楷模张黎明。他与无数个挽起臂膀的滨海电力人，在光与电的交响乐中，用大海赋予的力量，站在新时代的潮头，黎明时分，扬起风帆再出发。

大海的力量是永恒的，它由平凡的浪花组成，挽起臂膀就可以冲破一切阻碍，向着美好的未来进发。这些平凡的浪花，抒发的是一种奉献的情怀，是一种高尚的境界，让我想起了张黎明引领的黎明共产党员服务队和张黎明创新工作室。

黎明往往代表着活力的青春，代表着勃勃的生机，恰如一句广为流传的名言：“必须永远朝着黎明青春和生命那方面看。”当写到书稿的最后一章《一位时代楷模的使命感》时，看了一眼那台伴随我无数个日夜的电脑时，我也仿佛看到了这部书的黎明。我对张黎明说过，你的父亲给你起了个好名字，用在哪里都会引发无穷的想象。张黎明对我笑着说，的确如此，一看到自己的名字，就觉得年轻了许多。

我说，没错儿，一个与黎明为伴的人是不会老的。因为，黎明总会给人以希望和憧憬。有位作家曾经这样描写过黎明的景致：“黎明，一层白色的浓雾，覆盖着滇池，渐渐地化成了一片薄纱，像一只神奇的手，轻轻地拨开了她的面纱，让早霞羞红了她的脸。”我不知道这位作家的名字，但我喜欢这段唯美的文字。

我走到窗前望到了目光所及的远山，不禁想起了这样的场景：八年前的那个黎明，我走出家门，穿过乳白色的晨雾，走向了附近地铁站，虽还看不到早霞，但却闻到了黎明燃烧的气息。在京津城际列车上，我看到天际露出了鱼肚白，云彩都赶集似的聚集在天边，像是浸了血，显出淡淡的红色。随着那轮旭

建设者眼中美丽的滨海新区

日从东方升起，伴随着时速三百公里的京津高铁，一路向东风驰电掣，我看到了天边的朝霞和沿途高耸的铁塔和银线，那种清晨的景色的确很美很美。

之后几年间，我先后创作了四部有关电力行业的长篇纪实文学，几度频繁穿梭在京津城际高铁之间的两座城市。这中间我去过外滩公园，从那里

沿着海河望去，可见数不清的塔吊、数不清的挖掘机和高大楼群的雏形，那便是正在建设中的响螺湾商务区了。我去过中新天津生态城，从欧式古典风格的智能营业厅，到嘉铭红树湾的智能楼宇；从慧风溪畔的贝壳长堤，到中央大道的光伏长廊……到处都闪烁着智能之城的智慧光芒。我去过蓟运河故道，两面环水，风景优美，临高远眺生态谷，便是绿植覆盖的生态走廊和那条绵延的天然海岸线。

也就是从那时起，我开始熟悉了张黎明，也熟悉了黎明共产党员服务队。他们是这片美丽土地的建设者和守护者，那里的每一片绿叶都记得他们播撒光明的身影。张黎明在我的脑海里，永远是戴着一副眼镜，满脸微笑的中年男人。要说他的事迹，没有哪件是惊天动地，也没有哪句是豪言壮语。无论工作，还是生活，他都是一个平凡的人，然而他所做的一切，却从平凡中透出了非凡，他的思想境界远非一般人所能达到。他所带领的黎明共产党员服务队，坚持“你用电，我用心”，突出“黎明出发　点亮万家”特色服务口号，展示国家电网责任央企的良好社会形象。他所创办的张黎明创新工作室，努力“自主创新+融合创新”，秉持“创新，让工作更快乐”，卷起“头脑风暴”，科研成果累累，为国家电网人争了光，提了气。他以他的聪明和才智书写了一曲新时代劳动者之歌，当之无愧为知识型、技能型、创新型劳动者的杰出代表。

记不清八年间，我多少次踏上过天津滨海新区这片热土，每一次采访张黎明，都给我留下了刻骨铭心的记忆。我是带着感情来接受国家电网公司工会和中国电力作家协会交给我的任务的，我也是带着感动来写张黎明的。如此艰巨的任务交给我，这是对我信任，也是对我的鼓舞。虽然不是第一次写张黎明，但这次不同，是时间紧，任务重。两个月时间里，我要在保证质量的前提下，完成二十万字的作品，这对我是一个大考。正如我在引言中所说：“我愿拿出张黎明的精神，来塑造张黎明”。六十天里，我停下手头一部正在创作兴头上的书稿，推掉了所有外出和应酬，在远离北京六十公里的山区里默默写作，最终在2018年6月27日这一天完成了初稿。

这一天对我来说注定是个值得纪念的日子，由中央宣传部、国务院国资委、中华全国总工会、天津市委联合举办的“时代楷模”张黎明先进事迹报告会在北京人民大会堂隆重举行，与此同时，我创作的这部长篇纪实文学《黎明　再出发》也在下午4时脱稿，并将在近期由中国电力出版社出版。

当我写完最后一章，敲下电脑键盘的最后一个字，终于看到这部书的“黎明”时，我释然了！感谢国家电网公司以及国网天津市电力公司、国网天津滨海供电公司对我的信任，感谢国家电网公司工会和中国电力作家协会对我创作的大力支持，感谢一切对我这次采访、创作提供帮助和支持的人。愿我的写作能对宣传“时代楷模”张黎明出绵薄之力，愿这部书能对弘扬张黎明精神起到一点锦上添花的作用。